私たちは生まれて

笑って

動き始めて

立って歩いて

数々の節目を通って

時には泣いて

社会人になって

好きな人と出会って

結婚して

新しい生命を授かって

そしてママになった…

目次

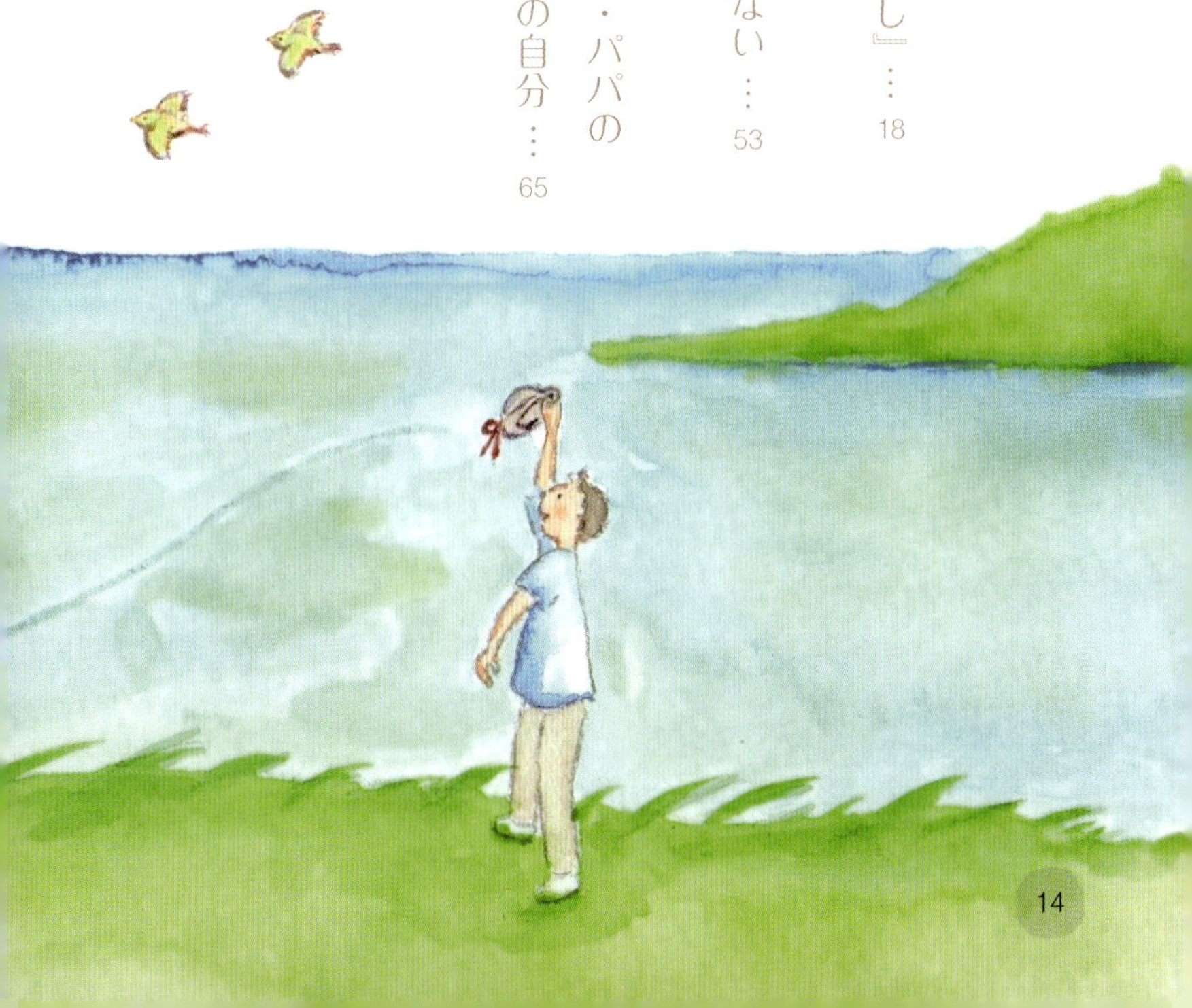

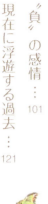

はじめに

移り住んだ沖縄で心療内科のクリニックを開いたのは約8年前。薬を使用しない診療に専念してきました。心の病だけでなく、人間の『苦しみ』は薬では根本的な解決には至らないからです。

その、薬では根本的な解決に至らないという心の病や、抱える苦しみなどは『言葉にならない心の叫び』であると捉えています。相談にこられた方と向き合う時、心は何を叫んでいるのか、その叫びを聴きます。そして、その叫びにしたがって、その人本来の〝自分らしい生き方〟を取り戻すことを、根本的な解決と考えています。

いつ頃からでしょうか、気がつくと、子育て中のママやご夫婦からの相談が多くなってきました。子どもさんの問題や子育ての悩み、対人関係の悩み、夫婦の問題など、相談内容はさまざまです。子どもの成長が嬉しく楽しい子育てであるはずが、つらい、大変、なぜこうなんだろう？　うちの子、おかしいのではないだろうか？　と悩むママがとても多くいらっしゃいます。

そんなママたちに共通しているのは、イライラすることが多く、子どもさんを怒ってしまうことに、罪悪感や自己嫌悪の気持ちがあるということです。

ママたちは言います。

「怒らないママになりたい」

「子どもが〝ママ、怒らないで〟と言うんです」

「ママ、怒らないで。」その声は、我が子の声であり、小さい頃のママ自身の声でもあると言われたら、どのような気持ちが湧くでしょうか。

ママが子育て中に〝つらさ〟を感じる時、実は子ども姿に小さい頃の自分が重なり、ママが置き去りにしてきた子ども時代の心の痛みを感じていることが多々あります。我が子を通して、小さい頃の自分の体験や感情の再現が起こっているということです。つまり、我が子を育てるという営みによって『心（感情）』そして、『自分そのものの自分らしい生き方』を取り戻すことの大切さを常日頃から教えられているのです。

この本は、子どもさんと、そしてすべての年齢の子どもさんを育てるママ・パパといった新しい世代が救われるために書きました。ママ・パパにとっての救いとは、繰り返し起こる子育てや対人関係などの悩みや問題の根本的なところに何があるのかということに気づき、それが見直され、ママ・パパの心と自分らしさの回復が成されること。子どもさんにとっての救いとは、ママが自分らしさの回復に取り組むことで、子どもさんの気持ちを受け止められるようになり、ママに安心を感じられるようになること。

子育てでつらくなった時、ヒントがほしい時、何かを変えたいと思った時、是非この本を開いてみてほしいと思います。

本書について

本書では、多くのママが言葉にできない、気づいていない、ご自身の本当の気持ちを代弁し、誰にでも起こり得る出来事の中に隠れた「解決の必要な未解決の問題」を代わりに体験し、解決への取り組みをする人物として、〝葉子さん〟というひとりのママと、娘の〝ミヨちゃん〟という親子が登場します。

ママである葉子さんは架空の存在ではありますが、世の女性やママの代表・代弁者となって、心の中の事実や未解決の問題、それらが与える子育てへの影響についてを見ていきます。ページ数の都合上、葉子さんとの細かな言葉のやり取りを省略せざるを得ず、少々もの足りなく感じられる点があるかと思うのですが、葉子さんとご自身を置き換えながら読み進めて頂くことで、これまで気づき得なかったことに気づいたり、知り得なかったことを認識したりと、たくさんの発見や収穫が得られることと思います。

現在子育てをしているママ・パパたちのさらにお母さん・お父さんたちにも知っておいてほしかった、さらにもっと前の代から受け継がれていれば良かった、そういう概念を、新しい代から築き直していってほしい。

それは、人々の、失われたり、傷つけられたりした『心』の回復をサポートするセラピストとしての祈りのようなものです。

ママも子どもさんもパパも、心から幸せと思える家庭の土台が築かれますように。

プロローグ『ママと子どもと小さいわたし』

夢を見た
娘を探す夢

「ミヨ？　ミヨ？」
たしか、あの岩のところに
寝てるミヨを置いたままだ
どうしよう
大丈夫かな

最近、気がつくと娘のミヨと離れていて
心配になるという夢をたまに見る

夢か……

夢は続き……
小さなお店があった

スーッ

「あの、すみません
小さい女の子
見かけませんでしたか？」

「あぁ、
この子かな」

「良かった！
ありがとう
ございました」

だけど、目が覚めた時
その女の子はミヨじゃないと思った
その女の子は、小さい頃の私だった
おかしな夢……。

小さいわたし

ママになった私たちにも、小さい子どもだった時代がありました。
ママになるまでに、いろんなことがありました。
楽しかったこと、うれしかったこと、ときめいたこと、わくわくしたこと
そんな思い出は、これからのわが子との生活に、希望を与えてくれます。
だけど、苦しいことやつらいこともありました。
怒り　悔しさ　痛み　悲しみ　寂しさ　我慢……
そんな気持ちをわが子に与える親にはなりたくありません。
しかし、もしもあなたの、
怒り　悔しさ　痛み　悲しみ　寂しさ　我慢……
といった〝負〟の感情やつらかった体験、心の傷が癒されないまま
閉じ込められていたら、
実はそのことが、わが子の痛みを受け止めきれない原因となっているかもしれません。

私は葉子
夫と3歳の娘と3人暮らし
最近娘に手を焼いている
こんなに小さな子相手に
闘っている自分が嫌になる
今日も……

「ない　ない　紙は？」
始まった……

「ママここにあった紙は？」
「え～？　すてちゃったよ」

「あ〜、かわいいネコちゃん
ついてたのにぃ！」
「えっ、やだ、泣かないでよ！」

「もう！だいじなものなら
置いたままにしないでって
いつも言ってるでしょ！」
「ママがぁ　ママがかってに
すてたぁぁぁ」
「しらない！　いいかげんにしてよ
そんなダメな子はうちの子
じゃない！」

なんでいつも
こうなっちゃうのかな
私、怒ってばかり

仕方ないよ

「え?」

葉子の心の中がパンパンなのだからいっぺんにあふれちゃうの

「あなたは？」

小さい頃の葉子だよ

「小さい私？　まぁ、どうして？」

思い出してほしかったの

「小さい私……そうだよね
私にも小さい頃があったのにね
なのにどうしてだろうね
今は子どもの気持ちが全然
わからない」

気持ちにふたをしてしまったからだよ
それは自分を閉じ込めるのと同じこと
だからわたし（小さい葉子）は
ずっと寂しかったし悲しかったし
それにすごく すごく 怒ってる！

小さい頃の葉子
のぞいてごらん

小さい頃って本当に無力だよ

泣いてるね
怒ってる
いっぱい我慢してる
顔色うかがってる
いっぱい良い子して頑張ってる
お母さんは……
怖い顔　嫌な顔
笑った顔も少しはある

あ、私も今、いつも怖い顔してる…
どうして私もそうなっちゃうのかな？

葉子の心の中が、気づいて
ほしい何かでいっぱい
だから、かもね

「そうなのかしら」

小さい頃は無力だよ
自分の気持ち、うまく伝えられない
力だって弱い　自分の力では生きられない
おとなにはぜったいにかなわない
おとなが子どもの気持ちをわかって
受け止めてくれなければ
子どもは自分の気持ちより、おとなの
気持ちに合わせないといけない
そうやって
自分の気持ちを置き去りにしたままだったら
おとなになってもずっと
自分のことがわからないままだよ
自分のこと、子どもの頃の気持ち、わからないのに
子どもの気持ちがわかるわけない

拾ってほしいの　ミヨちゃんの声
聴いてほしいの　小さい頃の葉子の声

「どうやったらつながれるかな、
ミヨの心やあなたと」

ねぇ、葉子　葉子はいつも
心の中が詰まってる
小さい頃からずっと
自分の声を聞いてあげなかったから
今はもう自分の声が聞こえなくなっている
心の中にはいろんな気持ちがパンパンに
詰まってる
詰まってるものがいっぱいで
自分の本当の気持ちがわからない
それでイライラしたり怒っちゃう

「そうかもしれないけど、どうすればいいのかな」

葉子は心の中で本当は何を感じているか
ちゃんと感じてみて

詰まっている気持ち

最近、ミヨの後追いが激しい
「ママーっ！　どこー！」

ああ、もう、またか…。何も告げずに
ミヨの視界から私がいなくなると
ミヨがパニックになる。

この時期の子って
そういうものなの？
でも正直言うと……つらい
いろんなことがめんどくさい…

「はい、はい、ごめん　ごめん
ママ、お洗濯もの干してただけだよ
……」

ねぇ、葉子？　ミヨちゃんがパニックに
なるのには3つの原因があるんだよ
ひとつはミヨちゃん自身の過去の経験
ママの姿が消えて不安で不安で、でも
どうすることもできなかった時の気持ちが
ぶり返してる

例えばミヨちゃん、迷子になったことあったよね
あと、ミヨちゃん預けた時、ものすごく泣いてたよね

「一時預かり？」

そう、その時の不安だった気持ち
怖かった気持ち、つらかった気持ち
ママに受け止めてもらってなかったから
その時感じた感情が残ったままで
同じ状況になったときぶり返すの
これがひとつめの原因

ふたつめは、ママが心ここにあらずの
状態の時、親子の心のつながりが分断さ
れる。敏感になっているミヨちゃんは
それがとても怖くてすごく不安になるの

そしてみっつめは……
ミヨちゃんの姿は小さい頃の葉子の姿
自分の小さい頃の体験や、その時の感情
を、ミヨちゃんの上に重ねている
これは葉子の心が無意識にしていること
だから葉子はそのことに気づいていない
けどね。ミヨちゃんによって再現されて
る

葉子は、お母さんと離れた
時の不安な気持ち
覚えてる？

「うーん…、どうかなぁ」

それが拾えないと
ミヨちゃんの不安な気持ちは
受け止めきれない

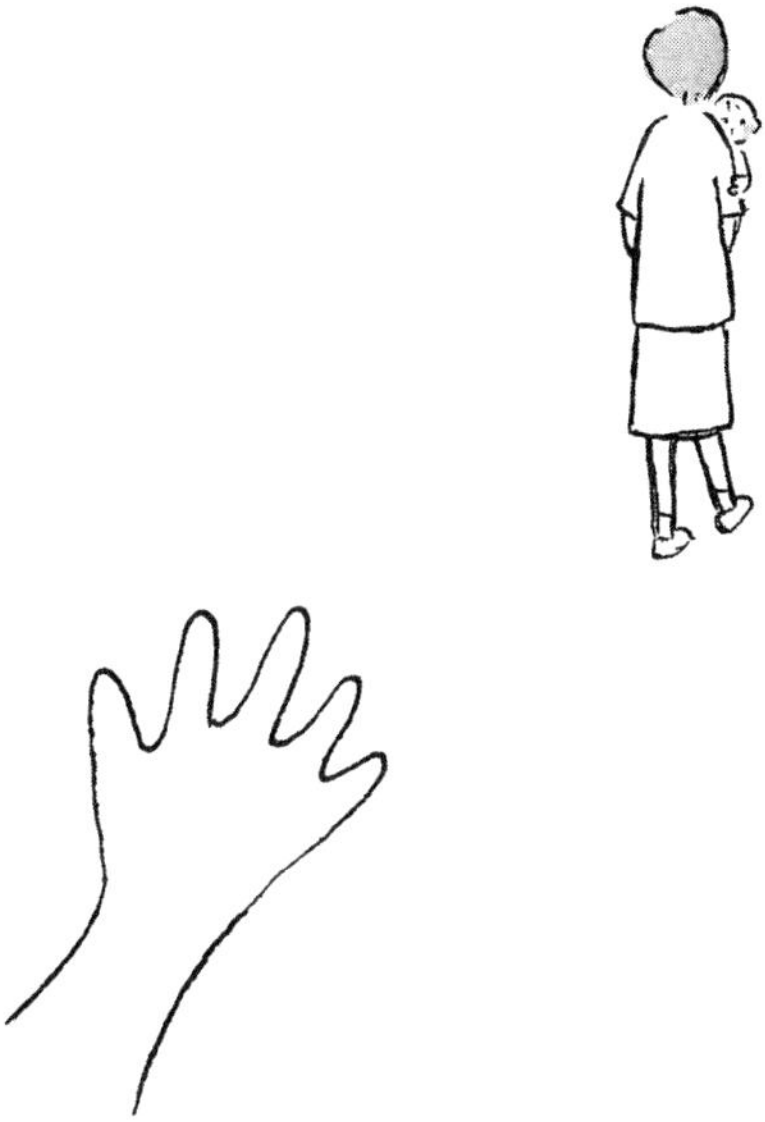

「うーん、そうね。小さすぎたから
はっきりは覚えていないけど……
お母さんのおなかが大きくなってきて
お姉ちゃんになるからって
保育園に行くことになって、お母さんと
初めて離れたんだよね」

わたしはその時の気持ち、その時のまま全部残ってる。全部覚えてる。わたしは本当にイヤだったよ。お母さんと一緒にいたかった。どうしてもそうしていたかった。泣いてもどうしてもダメだった

「そうだったのかなぁ？」

気持ちを伝える言葉、持っていなかったし、泣いてる私の気持ちもわかってもらえなかったから、その時の感情が取り残されたまま、今も消えていない

「消えていないの……？
わからない」

「『親子で集う手遊び歌の会』かぁ
ミヨ、こういうの行ってみたい？」
「うん」
「ためしに行ってみようか」

遅れちゃったなぁ
どうしよう、やっぱり
やめとこうかなぁ
でも、ミヨ行きたいよね

あれ?開かない
鍵がかかってる

ノック…する?しない?

どうしよう…

あ、終わっちゃった…

「せっかくきたのにねぇ
ごめんね」

「終わっちゃったね」
何だろう、このむなしい気持ち…。でも
どうして？　どこかでホッとしてる
自分がいる……。

私、本当は苦手？
怖い？
どうしよう……、ミヨのために、私
これからもいろんな体験させてあげたい
のに…

どうしよう
涙が止まらない

怖かったんだ、私
知らない場所
知らない人たち

小さい葉子が言ってたように
消えていなかったんだ
怖い気持ち、不安な気持ち
ただ気づかないようにして
きただけだったんだ

小さい頃の出来事や体験には、
自分の好奇心や意志で行ったことと、そうではなかったものがあります。
小さい子どもの頃は、どんなに嫌なことでも、おとなが決めたことには従うしかない、といった体験がたくさんあります。
人には、その時に閉じ込めてしまった本当の気持ちや感情があることを、
多くの人が気づいていません。
そして無意識のうちに、そのことを何度も繰り返し同じ気持ちを味わう
『追体験』で確認しているのです。

小さい頃の私たちを、もう少し丁寧に見てみることにしましょう。

小さい頃の私に会いに行く

「葉子ちゃん、どうしたの？」

ん？

「ひとりなの？」

うん

「一緒に遊ぼうか」

うん

「何がいい？」

抱っこ

「抱っこがいいんだ。いいよ、おいで
パパやママは？」

おうち

「パパとママのこと好き？」

うん、好き。葉子ね、妹いるの。赤ちゃん

「そうなんだ、かわいい？」

**うん、かわいいよ。葉子はね、お姉ちゃん
だから抱っこしてもらわなくてもいいんだ**

「葉子ちゃんだって、まだママに甘えたいよね、抱っこしてほしいよね」

葉子、お姉ちゃんだから抱っこしてもらわなくてもいいの

「葉子ちゃん……」

こんなに小さいときから私、自分の心にウソをつくようになったんだ。
どうしよう、言ってあげたい。小さい葉子のために、言ってあげなきゃ

「お母さん　抱っこ」
お母さん、
小さい葉子ちゃんはまだまだ
甘えていいはずだよ！
どうして葉子ちゃんの気持ち
に気づかないの？

「葉子……いいかげんにしなさい、お姉ちゃんでしょ？」

お母さんも、小さい頃の自分の気持ちを
閉じ込めてしまってるからわからないんだよ。
それに、ほかのおうちの人に対して
すごく良い人で、嫌なことでも何でも
無理してやるでしょ？
だから、自分で気づいていない我慢や
嫌な気持ちがたまってて、心がいつも
パンパンに　詰まっているの。
今の葉子と同じだね。小さい自分が抗議して、
気持ちの箱をドンドン叩くから、イライラし
たり怒ってしまう。子どもの気持ちを受け止
めるゆとりがないのよ

「それなら、いくら訴えてもダメだよね。
だから私は、イライラするお母さんが怖くて
傷つくのがつらくて、自分の心に
ウソをつくようになったんだ」

子どもの心は、特に幼少期はいつもママの存在を求めています。

それぞれの家庭の環境や、子どもの年齢によって、ママではなくパパやそれ以外の人が子どもと遊んだり、世話をすることが多い場合もありますが、年齢が低ければ、「ママこれやって」「ねぇママ見て」「ママこれ読んで」などといった要求は、「ママじゃなきゃダメ」という心の事実があるわけです。

子どもは無条件にママが大好きで、愛情を受けるにも、認められるにも、気持ちを受け止めてもらうにも、それが「ママに」でなければ十分には満たされないことが多いのです。

Part 1
子どもには何ひとつ問題はない

第1章

本当は怒りたくない

本書の読み方

本書では、章のはじめに『なるほど知識メモ』というコラムが入ります。これは知識の泉的な内容ですので、今は読みたくないな、難しいな、と思ったら、読み飛ばして次のページに進んでいただいて大丈夫です。この本は、手に取られた方お一人おひとりの心が楽になり、子育てに向かうエネルギーが少しでもアップしていただけたら、という思いで書かれた本です。必要な時に必要なものをお届けできることを願っています。

心の詰まりは
生命《いのち》の詰まり。
詰まるとすべてが滞る。
そんな時は一番に
自分の心の声を聴く
時間を持とう。
水面に波紋が広がっても
その下は透き通って
静かであるように
心の中の、透き通った
静かな場所で聴いてみる。
生命《いのち》の声が聴こえたら
優しい気持ちに包まれる。

なるほど知識メモ

〝アダルト・チルドレン（AC）〟

ACとは、子どもの健康な心の成育や健全な人格形成に悪影響を与える親（機能不全家族）のもとで育ち、そこで受けた心の傷が癒されないまま大人になり、成長してもなお精神的影響を受け続ける人々のことです。

そのような家庭環境で育った子どもは、成人後も自己肯定感が持てず、『生きづらさ』や、対人関係・子育て・依存症・嗜癖《しへき》などの問題を抱えやすくなります。それは、生まれ育った家庭環境で身についた偏った考え方や人間関係のパターンによってもたらされたり、子ども時代に受けた虐待などの家庭内トラウマ（心的外傷）の後遺症からくるものです。ただし、実際は『生きづらさ』を自覚することなく、自身がACとは結びつかない人々の方がほとんどとも言えます。

また、親（大人）の考えや価値観を取り入れながら育ったため、子どもの頃から大人化されています。それによって、親や大人側のみに立ったものの見方しかできなくなってしまっているため子ども側の気持ちがわかってあげられないのです。

日本人の多くはACとも言われています。個人よりも目上や社会、他人に合わせることが求められる日本の風潮は、ACを育てる土台になっているのです。ですから、〝当たり前で何の疑いも持たない〟ようなところの中に、実はACを育ててしまう要素があることに気がついて対処していかなければ、ACは受け継がれていくばかりなのです。

＊ACは医学用語（診断名）ではありません。

●優しいママでいたいのに、できない時があるのはどうして？

〔葉子〕「私が先生に相談してみようと思ったのは、自分の子育てに不安を感じる時があるためです。

それはどういう時かというと、

・イライラしたり、感情のコントロールができずに怒ってばかりだったりで、あとになって後悔する時

・優しいママでいたいのに、優しくできない時

などです。また、子どもに社会性が身につくよう、児童館や公園に連れて行ってあげなくてはと思う反面、人と関わることをどこかで拒絶している自分に気づいたことも不安材料のひとつです」

なるほどつまり、葉子さんは、感情的にならずに、子どもさんに優しく接することのできるママになりたいのですね。そして、人との関わりに対する苦手意識を克服したい、というところを求めておられるのですね。

●ママのゆとりをなくす『心の詰まり』

実は、イライラする、怒ってしまうところには、必ず『心の詰まり』があります。心の中が、溢れ出した感情でいっぱいになって隙間がなくなることでゆとりを失うため、優しく接することができなくなるのです。

心はどうして詰まるのでしょう。

多くのママの心は、すでにかなりの割合で詰まっているかもしれません。それは、幼い頃からの我慢の蓄積に加え、子育てや対人関係で多くの我慢を強いられているためです。

そして、我慢すること、自分の気持ちよりも相手や周りを優先することが良しとされる中で育つことで、人に自分の本当の気持ちを適切に伝えることができなくなるために、心を詰まらせるパターンが身についてしまっているのです。

つまり、『本来の自分らしい自分』を置き去りにした生き方が、心の詰まりの原因になっているというわけです。

そんなママたちは、いつも頑張っているのに、〝つい言っちゃった〟〝つい怒っちゃった〟〝つい無視しちゃった〟〝つい睨んじゃった〟……それで、子どもの心を傷つけてしまった、とママ自身も、罪悪感で胸を痛めるのです。

●本当の問題は何か

〔葉子〕「子どもへの伝え方や接し方のノウハウを試してみたりもしてますし、どういうのが良い接し方なのかわかってるつもりなのに、やはりどうしても怒ってしまうので余計に落ち込みます」

ノウハウを効果的に使って悪循環を少なくすることはできるかもしれません。しかし、対症療法的な方法だけでは見逃すことのできない問題が残ります。

それは、ひとことで言えば「詰まりの種となっている根本的な部分が光にさらされなければ、怒ってしまうなどの悪循環をなくすことができない」という問題です。光にさらされることがなかった心の痛みや自然な欲求に蓋がされたままだと、自分の子どもの気持ちや心の痛み・欲求なども受け止めきれません。何らかの対処法を身につけて、たとえ表面的には優しくできたとしても、種がそのまま残っていたら、特に子どもさんや夫婦関係の中で相手に何らかの悪影響を与えてしまうのが現実です。

ですから、詰まりの種が何なのかわかって、それを適切に処理することが大切なのです。

●詰まりの種とアダルト・チルドレン

では、詰まりの種とはどのようなものでしょうか。

多くのママたちの中には『親は子どもより立場が上で、子どもを正しく躾《しつけ》、誘導するものである』とか、『子どもは親の言うことをよく聞き、従うものである』という考えはありませんか?

また、自分はそのような考えを持った親御さんのもとで育ってきたと思うところはありませんか?

実は、この当たり前で普通のように感じられる親子間の上下関係のあり方こそが、心を詰まらせるパターンを作り出す種になっている、と言ったらドキッとされる方も多いでしょう。

そのことについて、アダルト・チルドレン（ＡＣ、55ページ参照）という用語を用いて説明しましたが、詳しく見ていきたいと思います。

ＡＣとは、「子どもの頃に親との関係の中で受けた悪影響の結果、成長してもなお精神的影響を受け続ける人々」のことを言います。

ＡＣの方の家庭に受け継がれている〝当たり前〟で〝常識〟だと思われている考え方は、常に「親や上に立つ人中心の、偏ったものの見方・考え方が標準」になっていて、『対等性』や『平等性』が失われているため、親や上に立つ人の考えや理想・期待・躾の一方的な押しつけとなって、子どもや下の立場となる人の気持ちや存在が尊重されにくくなっているのが実際です。そのような環境のもとで育った人たちは存在価値を認めてもらえておらず、ひとりの人間としての尊重がなかったことで、「低い自己価値」や「認められない・満たされない空虚感」とそれに伴う「認められたいという強い承認欲求」を抱えています。そのため、親や上に立つ人から認められることで自分の存在価値を満たすような生き方に依存してきていることが多く、その生き方から中々離れることができないために、精神的に自立することが難しくなっています。

人は、この『対等性』・『平等性』のない環境や状況に置かれて、その環境や状況から離れることができない時、自分にとって都合の良くない〝負〟の感情（不満、反感、イライラ、嫌悪感、怒り、寂しさ、不安感、恐れなど）に蓋をして見ないようにするのですが、その時に抱いた感情や葛藤は消化されずに蓄積するため、心の中が詰まっていくのです。

つまりACとは、「子ども時代に受けた虐待などのトラウマによる影響を含め、『育った家庭環境の中で身についた生き方・考え方』『その家系の長い歴史の中で受け継がれた生き方・考え方』によって、その人本来の人格形成が成されず、感情面の処理がうまくいっていない人」、とも言えるのです。

ACの方の多くは、『過剰な義務感と責任感』や『期待に応えられないこと・してあげないことに対する罪悪感』、『満たされることのない空虚感』を抱えています。

本来はそういったものや自身の苦しみは、「親御さんとの関係性や生い立ちの中で受けた心の傷の影響である」、というのがACの概念なのですが、多くの場合、具体的ではっきりとした記憶や認識に乏しく、外的な影響よりも、自分の性格やものの考え方がそうさせるのだと捉えてしまいます。

しかし、その『性格』自体が環境面の影響を強く受けた結果によるものであり、本来の自分らしい自分や生まれ持った個性・資質が押し潰されているために苦しいのです。

ですから、悩んだり苦しんだり、社会に適応できないなど、そういうものを性格のせいにして性格を変えようとしても、種となっているACやその背景について認識できていないと、根本的な解決にはならず、問題は繰り返されるのです。

●悩みや問題は、『自分らしい生き方を取り戻すこと』を知るための大切なきっかけ

人間には個性もあれば、自然な感情や欲求があります。そういう心の事実という内側（本来の自分）の現実に対し、社会や家庭・対人関係といった外側の環境的な現実があり、私たちはその外側の現実と内側（本来の自分）の現実との矛盾の中で生きています。多くの人は、そういうことをあまり意識することなく、自分の内側よりも、外側に自分を合わせていくことで適応しているわけです。ですから、そこで生じた内と外との矛盾によって、何らかの滞りや妨げが生じてしまいます。そのようなものが、悩みや迷い・問題となって浮上してくるのです。

目標としたいのは、『ご本人が苦しまずに済むこと』だけに留まらず、その方の、新しい家族となった方々が、互いに互いの生命《いのち》を建設的に育むことのできる平等で対等な、安心で安全な関係性を築くこと。そして、それぞれが皆幸せや温かさを実感できるような家庭環境を築くための土台となる〝自分らしい生き方を選択していく力〟を身につけられるようになることです。

ですからあえて、悩みや迷い、直面している問題はどれも、現状に何らかの滞りや妨げが存在することに気付くきっかけであると捉えて頂きたいのです。それに気づき、改善する必要性があるということ。強弱にかかわらず、悩みや迷い・問題は『自分らしい生き方を取り戻すこと』を知るための大切なチャンスです。つまり、誤魔化すことのできない現実を、ありのままはっきり見ていくことが大切なのです。

NOTE

第2章

救うのは子ども。
そして
ママ・パパの中にいる
小さい子どもの頃の自分

『抱っこして』と言ってよくて、
言えば『はい、おいで』と
ニーズが満たされる。
そんな普通のやり取りが
許されていてほしかったですね。
もしあなたが、小さかった自分の
気持ちを拾えたら、その時の幼い自分に
言ってあげてほしいのです。
『抱っこしてほしかったんだよね、
いつも我慢してたんだよね、
まだ小さかったんだもん、寂しかったよね』
と。
その当時の感情を抱きしめてあげると、
どうでしょう。
本当に不思議なことですが、今度はあなたの
子どもさんに対する気持ちの感じ方に
少し変化が起こってくるのです。

なるほど知識メモ

〝インナーチャイルド（内なる子ども）〟

ママ・パパの中の、無力で幼い傷ついたままの自分、それを〝インナーチャイルド〟と呼びます。

インナーチャイルドはとても無垢な存在です。そして悲しみ・寂しさ・恐怖や悔しさ・怒りをたったひとりで抱え込み、傷ついたまま、箱の中に閉じ込められたような状態でいるのです。

まだ自分の気持ちをうまく伝えることができない、ひとりでは生きていけない、そんな無力な子どもの頃に、本当は言いたかった、わかってほしかった、でもその術《すべ》を持たなかったために取り残された気持ち……。

幼く小さいあなたが、今のあなたに『わかって』と訴えていること、何か感じられますか？

インナーチャイルドの痛みが拾えなければ、わが子の痛みを感じ取ることができません。

インナーチャイルドの声を聴き、閉じ込めたつらい気持ちをもう一度丁寧に感じて受けとめてあげることを続けていると、気づけばあなたは子どもの立場で考える、子どもの気持ちがわかるママになっていることでしょう。

●『言葉にならない心の叫び』

現在私は『子どもを救う』ことを目的としたカウンセリングおよびセラピーを行っています。子どもさんのあらゆる問題や症状の中に『言葉にならない心の叫び』があるのですが、その声を聴き、親御さんが問題に気づき、変化するためのカウンセリング・セラピーです。しかし、大人になって親になったパパやママにも、心の中に〝インナーチャイルド（内なる子ども）〟という幼く無力で傷ついたままの自分がいます。救われる必要がある子どもは、親御さんの中にもいるわけで、その〝インナーチャイルド〟が何を訴えているのかわかってあげられなければ、子ども側の気持ちをわかってあげられません。それは「親としての、子どもの上に立ったものの見方」に縛られて、子どもの目線に降りることができないからです。つまり、子どもさんの心の叫びに気づいてあげることや理解してあげることができないのです。

●正直苦手？「抱っこして」。だから「言わないで」って思ってしまう

〔葉子〕「娘に『抱っこして』って言われるのが正直苦手でした。だから『言わないで』『言っちゃダメ』と、いつの間にかそう思うようになっていました。もう4歳ですし、甘えん坊になっては困るとも思っていたのです。でもやっぱり甘えたいですよね」

私はよく親御さんに、『子どもさんは、親のインナーチャイルドでもある』と言っています。

〝ミヨちゃん〟は〝子ども時代の葉子ちゃん〟でもあるということですね。ですからママ・パパがご自身のインナーチャイルドの声を拾えるようになると、自然と子ども側の立場まで降りて子どもさんの気持ちを感じるようになるので、その気持ちを受け止めてあげられるようになる場面が増えていくのです。

そのような場面は想像以上に多いものです。例えば、子どもさんが「自分のおもちゃをどうしてもお友だちに貸したくない」と言ったらママはどうするでしょう。

〝困る〟〝貸すよう説得する〟〝叱る〟など、対応はさまざまだと思います。

一方で、ママの幼少期はどうだったでしょう。

「どうして貸してあげられないの？」「貸してあげなさい」「思いやりのない子ね」などと言われた場合、どんな気持ちだったでしょう？　どこの公園でも見かける他愛のないやり取りです。言われたこともたいしたことはない…と皆さんの記憶からは忘れられていることかもしれませんが、でも記憶にはなくとも、心にはその時の感情が残っていたりするのです。昔の出来事を振り返り、あなた自身の気持ちを思い出してみてください。

その時の気持ちや意志を拾えたら、我が子に対する対応はどのように変化するでしょうか。

「自分だけのもの」「大事なもの」「貸すのは嫌」という子どもさんなりの心の事実や意志があります。幼少期のママにもそのような気持ちや意志があったはずなのです。そういう子どもさんの気持ち・意志を受け止めて、そのうえで「貸す」「貸さない」については選択させてあげる自由を与えることが大切です。もちろん、「貸さない」を選んだら、ママとして我が子と相手の子の気持ちに配慮した声かけが求められますので言葉の準備も必要です。対応はそれだけではなく、もし我が子が「自分のものは貸したくない派」だとわかっていれば、「貸し借り」の場面を回避してもいいわけです。幼い子どもさんにとって大事なのは、自分の気持ちや意志を最優先にさせてもらうことであって、「貸し借り」「譲り合い」という社会性を身につけるのはもう少し大きくなってからでもいいものなのです。

一般的に、このような、子どもさんへの対処法的なところが、子育てのノウハウとして紹介されているわけですが、大事なことは、ママ自身がインナーチャイルドの気持ちを拾ったうえで子どもさんの気持ちを尊重してあげられることなのです。

それができていれば、ＡＣの連鎖を断ち切っていくことができるはずです。

NOTE

Part 1
子どもには何ひとつ問題はない

第3章

『親の責任』とは？

親と子ども、どっちがえらい？
親と子ども、どっちがすごい？
親と子ども、どっちが大変？
親と子ども、どっちが……

子どもは大人よりはるかにすごい。
純粋さ
正直さ
能力
個性
それらが潰されることなく真っすぐに育つように、大人が子どもの上に立つことなく、譲るべき主役は子どもに譲るのがいい。

なるほど知識メモ

『機能不全家族』

よく本などで取り上げられている機能不全家族のわかりやすいケースとしては、親が問題を抱えている、例えばアルコール依存症・ギャンブル依存症などの依存症や嗜癖《しへき》の問題を抱えた父親がいるとか、家庭内に喧嘩・暴力・虐待などの家庭内不和が存在する、などというものです。

一方でわかりにくいケースもあります。例えば、ワーカホリック（仕事依存）の父親と、教育熱心で良妻賢母の母親と、親の期待に応えながら適応していく子ども、という家族。一見〝模範的で理想的な家族〟に見えるが、その実は温かい心の交流がなく強者が弱者を縛る息苦しい家庭というものです。

今の日本において、このような家庭は、数多く存在するのです。

いずれにしても、親によって親としての責任と機能が果たされていないために子どもが子どもらしく生きることのできない、安心・安全感のない家族のことを機能不全（家族）と捉え、問題として認識することが大切だということです。

●子どもを作った親の責任とは

『抱っこして』と言って良くて、言えば『はい抱っこ』とニーズが満たされる。そんな普通のやり取りが許されていてほしい、私はそういうものが『子どもを作った親の責任』であると投げかけ続けています。

どうして『子どもを作った親の責任』ということについて強調するのかというと、ＡＣを育ててしまう機能不全家族（75ページ参照）が多いのは、『子どもを作った親の責任』とは何なのか、その重要な中身が吟味されないまま、親中心・親主導の子育てが受け継がれているためだと考えているからです。

そして『子どもを作った親の責任』が切り離されているため、子どもの問題は子ども自身に問題があるのだと考え、その背景にある機能不全家族の影響については中々認識されません。社会においても、症状や問題というのは大抵その人自身の問題としてしか扱われず、根本原因にまでつながらないことで、改善・解決が困難になってしまっているのです。

相談にこられた方の中で、〝あなたにとって『親の責任』とは？〟という質問を親御さんに問いかけてこられた方がいました。それに対し、親御さんは、ご自身が行った『養育』『教育・躾』の結果、子どもを一人前の社会人に成したという意味で、責任を果たしたのだと答えられました。

次にその方は問いました。

〝あなたはなぜ子どもを作ったのですか？〟

それに親御さんは答えました。

『なぜって、結婚したら家族が増えるのは当たり前でしょう』『欲しかったから』

子どもが『お父さん、お母さん、私を産んで（私を作って）』とお願いしたのではありません。ですから、子どもが親に甘えさせてもらうのは、〝**親によって生まれさせられた**（I was born by my parents）〟子どもの当然の権利ですし、〝子どもを作った〟親には子どもの欲求を満たす責任があるのです。

●責任を子どもに負わせる親

しかし、『親の責任』の本質を、それぞれの解釈で捉えてきた結果、多くの親たちは残酷なまでに子どもに責任を負わせてきてしまいました。それがどのような親か、いくつものパターンがありますが、一部を紹介したいと思います。

・人生の選択に自分の意志を持たない親
『私は本当はお父さんと結婚したくなかったけれど……』と自分の不幸を「望まぬ結婚のせい」にし続ける母親は、自身のネガティブ思考に執着して子どもの同情心を誘うことで、子どもに愚痴の聞き役や世話役をさせる。そして何か問題が起これば『この結婚が間違いだった』と言い、「結婚した」「子どもを産んだ」という事実を誰かのせい何かのせいにして、責任を回避する。

・理想や期待を子どもに押しつける親
自尊感情や自己価値が低く、挽回したい人生を子どもに託しながら、理想や期待を子どもに押しつける。

・親代わりをさせる親
弟妹の世話や面倒見役・家事など、本来子どもを作った親が責任を持って果たすべきことを子ども（特に長女）に負わせる。

●親に責任を負わされた子ども

一方で、責任を負わされる子ども側の立場を見てみましょう。カウンセリングの場では、そのような子どもの側からは、『本当は嫌だった』という次のような気持ちや記憶が出てきます。その一部を紹介します。

・親の心配をいつもしていなければならないのがつらかった。
『親の愚痴や心配事を聞くと、うちは大丈夫なのかととても不安になった』
『自分が何とか母親を守らなければと思って（父・祖父・祖母などに）立ち向かったが、本当は怖かったし、やりたくなかった』
『母が機嫌良く幸せに過ごしてほしいと思う気持ちが強く、母が喜ぶことばかりをし、自分のことは我慢してばかりだった』

・理想や期待を押しつけられた。
『母の理想から外れると、否定的な母の表情が露骨で悲しくて、望んだ進路をあきらめた』

・弟妹の世話が嫌だった。

『自分の自由が無いばかりか、兄弟トラブルの責任を負うのも長女（長男）の自分。弟妹の相手をやりたくないと言っても、〝あんたがやらないと誰がやるの？　お母さん仕事ができなくて生活できないよ〟と言われ、逃げ道がなかった』

●子どもはどうして責任を負ってしまうのか

親がどんな理由を並べても、無力な子どもにとって、負わなくて良い責任を負わされ、子どもらしく生き生きと過ごさせてもらえないことからくる影響は、どれも理不尽で有害なものです。にもかかわらず、どうして子どもは責任を負ってしまうのでしょうか？

その理由をいくつか挙げてみたいと思います。

・子どもは親の愛情と承認が欲しくてたまらない。

・生まれた時から一定の時期までは子どもは衣・食・住のすべてにおいて親に依存しなければ生きていけず、子どもが必要なものを与えてくれる親を理想化する。

・親子は力関係が歴然としていて、力の差が大きいほど、子どもにとって「親は強大」である。そのため、常に「親は正しい」と思い込むことで、親の価値観・信念・信条だけでなく、理想や期待までも強迫的に取り入れる傾向にある。

・「親の理想や期待に沿わない時」、「親の機嫌が悪い時」、「子どもが自己主張するなど親にとって都合が悪い時」、親が表す不快感や怒りの態度や言動などによって罪悪感を植えつけられる、親から虐待的な仕打ちで尊厳を踏みにじられ、自尊心を剥ぎ取られる、といった恐怖や不安を与えられた場合、子どもは親に従わざるを得ない。

Aさんというママは、ご自身の母親との関係を回想される中で次のようなことをまとめ、記されました。

『私の育った家は、家族間には上下がはっきりあって、親は上、偉いもの。子は下、従うもの。母親が家族の中でトップに君臨し、支配と服従の関係で成り立っているような家でした。

母親が望む良い子であれば褒められ認められ愛情がもらえる、その反面母親に逆らうとどうなるかも十分に理解している私は、母親好みの「(本人)○○」として生きていくしかなかったのだと気づきました。

母親は、無力で幼かった私たち兄弟姉妹に対して怒鳴る・冷酷な目で睨む・否定する・無視する・叩くなどにより健康的で正常な心の成長を阻み、その結果幼かった私は苦しみを負いました。それが、不健康な心・不健康な人格形成の原因だったのだと今は理解しています。

こうして植えつけられた恐怖が母親以外の対人関係でもよみがえり、目上の人に話をするとき、相手の目つき・表情に過剰に敏感になり顔色をうかがい力が入ってしまう自分がいるため、自分の感情を正しく感じ取ることができなくなっています。特に自分の中で湧き上がっているであろう怒りに対しては強烈なブロックがかかってしまうのです。

「波風立てないように嫌われないように誰にでも好かれる人に」という母親に代々受け継がれてきた考えが私にも植えつけられたために、「嫌なことは嫌」という意思をその場で直接伝えることが中々できません。それによって言うべきことが言えずに、感情が詰まりやすく行き場を失った処理することのできない感情が溢れ出るのです。

このように母親に植えつけられた種が長年かけて私の中で根を張りめぐらし、健康的な心を蝕んできたのです。そして大人になった今、対人関係で同じような状況に置かれた時思い起こされ、同じ恐怖が再現され苦しいのです』

●親中心・親主導の子育てをやめる

〔葉子〕「こうして、詳しく話を聞いていると、親の責任や子どもの気持ちってすごくわかるのに、どうしてそれが正しく受け継がれていないのかが不思議です」

そうですね。親としての責任と機能が果たされていないために子どもが子どもらしく生きることのできない、安心・安全感のない家族のことを機能不全（家族）と捉え、そのことを問題として認識することがもっと一般的であってほしいですね。

人は、『誰かのせい』『何かのせい』にして責任を負うことを回避する傾向があります。その犠牲になるのが子どもか、その家族や兄弟姉妹の中の弱者です。犠牲になりながら、その中で何とか生き抜くために、〝自分〟をなくして〝親にとっての良い子〟を生きていると、〝自分〟というものが育ちません。〝自分〟がなければ、大人になっても親や他人・世間様の価値観や信念・信条を取り入れ、それに依存します。人は自分の深いところから湧いてきた信念や自発的な意志による選択・決断ではないものに、責任を取ろうとはしません。そのような親子関係や生き方が改善されることなく連鎖されているのです。

親子関係・家族関係に限らず、日本の家族の多くには、子どもをなぜ作ったのかという親の責任は切り離されて、「後継ぎのため」、「自分の老後の面倒を見てもらうため」、「自分の親を喜ばせたいため」、「自分の親に認めてもらいたいため」、といった、親側の都合が優先され、不平等な親子関係の中身に関係なく、『親に感謝すること』と子どもを育てる親側の苦労や我慢ばかりを意識させる子育てが受け継がれていることも原因のひとつです。

そのような環境の中でママやパパになった私たちは、そうして失われた本来の自分らしい自分を取り戻すことが必要です。同時に、わが子の〝その子らしさ〟を奪ってしまわないように、親中心・親主導の子育てを見直すこと、譲るべき主役は子どもに譲ることが望まれます。

Part 1
子どもには何ひとつ問題はない

第4章

子どもにとっての親

ママの機嫌が良くないと、子どもはママの顔色が気になる。気になるからもっとママに近づき、関わってきて、どうしたのか確認したくなる。

ママは〝しつこい！〟と余計にイライラする。

子どもはママの心が見えないから不安。

自分のせいなのかどうか、それが怖い。

だからママは言葉にした方が良い。

「ママ、イライラしてて怖いよね、ごめんね。でも○○のせいじゃないからね。ちゃんと治るから、大丈夫だから、ちょっと待っててね」

それだけでも、子どもは自分のせいじゃないとわかって余計な責任を負うことから守られる。ママは、自分の問題だとわかって子どもを責めずに済む。

なるほど知識メモ

『毒親』

毒親という言葉をご存じでしょうか？

毒親とは、アメリカのセラピストであるスーザン・フォワード氏によって書かれた『毒になる親』（講談社2001年）がもととなり広まった言葉です。有毒物質が人体に害を与え、身体を蝕んでいくのと同じように、子どもの心に傷を与え、心を蝕んでいく親のことをいいます。

子ども時代の家庭環境・親子の関わり方において、健康な心の成長・健全な人格形成に悪影響が及ぼされると、その人が親になったときに、「安心して子育てができる環境」の土台自体を不安定にしてしまいます。毒親という考え方は、毒性が何なのかを正しく見極め、毒を自分の中からなくし、そして子どもに悪影響を与えない親になるために、とても客観的で現実的な視点です。

毒親の毒は、親から子へと注がれ、連鎖します。親の毒性により、子どもが恐怖や罪悪感という苦しみの種を植えつけられ、大人になっても無意識に影響を受け続けてしまうというものです。決して他人事ではありません。

問題は、親から受け継がれた毒性を持って自分自身が親になった時に、確実にわが子に悪影響を与えてしまうということです。ママ・パパ自身が子育ての困難さや対人関係に苦しむ場合もあります。

「『毒親』を受け継がないこと」。そのことが、安心して子育てができる環境の土台を作るために必要なことであり、「子ども、そしてママ・パパ自身が救われる」ためには不可欠なことなのです。

●ママという存在

母性というと、女性には生まれながら備わっているもの、と考えられがちです。子どもを産み育てるといった行為そのものと、信頼できる立派な母親＝母性とする考えが何となく受け継がれています。

実際にどのような母親のもとに生まれても、乳児期の子どもはママに絶対的な信頼を持っています。しかし、すべてのママがいかなる時にも子どもに愛情を持ち、無条件に愛してすべてを包み込むことができるというわけではありません。ママが育ってきた環境や、ママの母親から受けた養育がどのようなものだったかで子育てが大きく左右されてしまっています。本当の母性を知らずに母親になったママに母性を求めるのはとても残酷なことだと思うのです。

「そんなことくらいで泣くんじゃないの」と言われて自然な感情を押し潰して、母親の顔色を気にしながら生きてきたママは、子どもが泣くとたちまち心にざわざわと波が立って、やはり「泣くな」と言いたくなります。それは母性や、理想の「お母さん」像と真逆の反応で、それにより子どもの気持ちを受け止められない罪悪感に苦しい思いをすることになります。

相談にこられ、心の問題や症状・子育てで苦しんでいる人たちの背景には共通点があります。育った家庭環境に母性が乏しく、ひとりの人間として尊重されなかった、認めてもらえなかった、受け止めてもらえなかった、圧力で従わせられた、躾《しつけ》や理想・期待を押しつけられたことなどや、その関係性に、現在の苦しみの根本的な原因があります。このような環境であったために、本来のその人らしく生きる自発性や自己肯定感が妨げられているのです。

ママという存在に必要なのは、自分や子ども、夫などと真剣に向き合う姿勢であって、ママは万能でなくていいのです。

●子どもにとって親は全能で絶対正しいという思い込み

〔葉子〕「前回お話を聞いてから〝親が負うべきだった責任〟について考えようとするのですが、なぜか思考が働かなくて、わかるのにわからないという感じです。次第に、親のせいにしてしまっているような気持ちになってきて、それでは成長できないのではないかと思い始めたのです」

私は『親のせい』にすることは、むしろ大事な通り道であると捉えています。その『親のせい』にするというのは、恨み憎しむことでも親のせいにし続けるということでもなく、自身の責任の範囲を明確にしつつ、『無力な子ども時代の自分には何も問題はなかった』ことや『苦しみの種は親との関係性によって植えつけられたという事実とその内容』を客観的に認識することです。これは、回復の過程で欠かせない作業のひとつです。

子どもにとって、生まれた時からすべてを依存し、愛情と保護、そして生きていくために必要なものを与えてくれる〝親〟というのは、『全能で絶対正しい』存在になると思いませんか？　だから、その親に「親のせい」と思うことに罪悪感が生まれてしまうのです。

さらに、子どもは親を理想化する傾向にあります。親は正しい、自分を保護し育ててくれているのだという理想を自分に信じ込ませて安心させようとし、それを心の中に埋め込んでいくのです。

うか。

●子どもは親の愛情や承認を渇望し、そのために必死になる

子どもとは、親の愛情や承認・注目が欲しくてたまらない、そういう存在ではないでしょうか。

〔葉子〕「それらをもらうことに必死だったと思います。今になってようやく、愛情はあきらめていたのかな、と感じました。ですが、注目や承認については自覚があります。だから参観日や学習発表会・運動会は、見てもらえる絶好のチャンスとばかりにすごく頑張っていた自分を覚えています」

そうだったのですね。子どもにとって、愛情や承認は自然な欲求だからこそ、日常的にそれが得られないと、過剰に希求するあまり、親に期待してしまうのです。「きっと与えてくれているに違いない…」と。

●愛情は求めていいもの

〔葉子〕「確かに愛情は与えられていると思い込んでいたかもしれません。でも実際は愛

情をあきらめていた。それは『ある種の愛情はもらえなくて当たり前のもの、求めてはいけないもの』だと自分に思い込ませていたから。でも親なりの愛情はくれていたんです。食事はいつもきちんとしていたし、私が勉強で困っているといつも教えてくれました。ただ、私がほしかった愛情はまた違ったものだったのだと思います」

それはとても重要な気づきだと思います。ちなみに葉子さんにとっては愛情というのはどのようなもののことですか？

〔葉子〕「甘えでしょうか。甘えることが許されていなかったと思うのです。おねだりとか、優しくしてほしいとか、スキンシップとか抱っことか」

そうですね。子どもの健康で健全な、心や精神の発達にはどれも大切なものですね。理由はいろいろあるかもしれませんが、事実として、本来与えるべき〝子どもが求める愛情〟を与えられなかった親としての現実を見ていくこと、それが『親のせいにする』という意味なのです。

〔葉子〕「そうなのですね。甘えたいという欲求は求めてはいけないものと思い込んでいたのは、自分の心が傷つかないようにするためだったかもしれません。親は私を私の求める愛情で満たしてあげなければならなかった。親がその責任を果たしてくれなかったために、私はいつも〝親（相手）にとって都合の良い子（良い人）〟でいようとするようになってしまった、ということなのですね」

●〝良い子〟であるがために

そうですね。〝良い子（良い人）〟でいようとして自分のことを後回しにしてしまうと、心が詰まっていきますからね。

子どもが〝良い子〟、極端に言えば、ACになる、その種を植えつけてしまったのは親なのですね。親が果たすべき責任を果たさなかったために子どもが親の都合や気持ちを優先しなければならないという責任を負わされた。その結果、負わなくて良い責任を子どもが背負うことで〝良い子（良い人）・AC〟が作られた。そのことを自覚して、親の問題は親のものとしてきちんと『親のせいにする』。

つまり、これが負わなくて良かった責任を親に返す、という意味なのです。

〔葉子〕「『何々のせい』と聞くと、いけないことという感じがしますが、「自分のせい」ではなかったことを知り、背負っていた責任を、親に返すという意味での「親のせい」なのですね。自分がつらかった記憶をたどれば、実はあの時親の方に問題があったんだということにも気づくことがあるのかもしれません」

●自分は頑張っているけど子どもが困らせるから…というのは『責任転嫁』

そうですね。親といっても、機能不全家族に育ち、「〝良い子（良い人）〟であること」にとらわれ、自分の感情や行動・言動・判断などに責任を取ってきていない親は、見た目には大人に見えても中身は精神的な自立ができていません。そこに我が子という弱者が存在すると、本当は自分の非であったり、解決するべき問題が自分のことだったとしても、「八ツ当たり」という形で、それを子どものせいにして苦痛を軽減させることができます。自分は頑張っているけど子どもが困らせるから……と『責任転嫁』をするわけです。しかし、子どもは誰のせいにもすることができません。その結果、子どもは『自分のせいだ』と思うのです。自分が〝良い子〟じゃないからお母さんが「怒るんだ」「悲しむんだ」「愛情を与えてくれないんだ」、とその責任を無力な小さい体で必死に負おうとするのです。

このように、子どもは〝親にとっての良い子〟を自分に課すために、抱えさせられた不安や恐怖・混乱を伴う状態が、実は親自身の問題であることになど気がつきません。『自分のせいだ』と思ってしまうのです。

例えばこうです。あるママ友から「イベントに参加するので一緒に行かないか」と誘われたEさん。実はそのママ友のことが苦手なことに加え、イベントも本当は行きたくありませんでした。しかし、断るのが苦手なEさんは、すぐにOKしたのでした。

断れないという問題を解決しないまま、意に反した決断をしたEさんは、次第にイライラ感が募ります。するとちょっとしたことでも許せなくなり、子どもさんをきつい言葉で叱ってしまいます。

子どもさんはというと、ママの機嫌が悪くて不安、叱られて怖い、悲しい、どうなるの？と混乱します。もちろんママの怒りはママ自身の問題であり、自分には何の責任もないということなど、子どもさんにはわかりません。「自分が良い子じゃないからママは怒るんだ」というふうにして、『自分のせいだ』と、転嫁された責任を負ってしまうのです。

また、Kさんは、不仲の両親のもとで育ちました。幼かったKさんは、両親が喧嘩を始めると、お母さんを守らなければ、といつも必死になって止めに入るのでした。喧嘩が終わればお母さんの慰め役となり、「お母さん、もう明日出て行く」「死にたい」という言葉を聞くたびに、お母さんがいなくなったらどうしようと怯えました。幼いKさんには、夫婦の問題はお母さん自身の問題であり、お母さんが夫婦で解決しなければならないものであることなどわかりません。それに、「出て行く」「死にたい」といった言葉によって、不安や恐怖・混乱を与えられ、責任に加え、〝負〟の感情までも負わされてきたのです。Kさんは言います。「母からは、ことあるごとに『あんたのせいで』、と言われていたためか、家庭内でトラブルが起こると、いつも自分のせいかもしれないと思い、不安に陥った」と。

●親が何でもできる全能な存在に見えるのはどうして？

子どもには親が、大人であって、何でも知っていて何でもできる全能な存在に見えます。しかし実際は、自分で吟味して出した考えをもとにして行動するのではなく、その親の親や社会が当然とする考えを基準に生きてきた部分が多々あるのです。

そうして身につけた社会性によって、一見自立した大人のように見えるものの、本当のところは精神的自立ができていないという親であっても、子どもにとってはやはり全能で強大に見えるのです。

もしも親が自分の弱みや限界を自覚し、素直に謙虚に、ありのままの姿で子どもに接していると、子どもの目に映る親は、全能でも強大でもなく、より対等に近いものとなるので非常に安全です。

反対に、自分の内面と向き合うことなく、責任を切り離して人前で〝良い人〟であろうとする親ほど、巧みな口述や手法を使って子どもをコントロールします。だからこそ子どもの目には、そのような親が全能で強大に見えるのです。親の口述や手法が自分をコントロールしてきたことや、その有毒性に気づかないのは、全能で強大に見えていた親が〝怖い〟からなのです。

●親の未熟さを認めるということ

『親としての責任と向き合ってこなかった親の姿』『子どもだった自分に与えられてきた親の悪影響』を正視することが、本当の自分らしい自分を取り戻すためにはまずは必要なのです。葉子さんは大分このあたりのことをつかめてきているのではないですか？

〈葉子〉「そうですね。『親のせいにする』というと、どうしても、『ずっといつまでも親のせいにし続ける』というマイナスのイメージが抜けなかったのですが、そうではないことがだんだんわかってきました。

私、思ったのです。親といっても初めて親になったわけだし、実は未熟だったのだなぁと。私もそうですし。そういう親の未熟さがもたらした悪影響を娘である私が認めたら、私は少し変われるかもしれない。きっと、それでも親を理想化して、『親の問題や、その影響をきちんと親のせい』にできないとしたらそれは、いつまでも親との関係に依存して自立しようとしない子どものままで居続けるということを意味するのではないかと」

本当にそのとおりです。親御さんに受け継がれた生き方や考え方・子育てが、子どもさんにどのような影響を与えるか、その問題や育ちのうえで害となるものについて、ほとんどの親御さんが知ることのないまま子育てを終えています。ちゃんと親のせいにできたらあとは自分。親の問題や育ちのうえで害となるものを受け継がない生き方を選んでいく、そのために自分を成熟させていくということですね。

●『親に感謝しなさい』という風潮

日本には『親を大切にしなさい、親に感謝しなさい』、『親への尊敬や感謝ができなければ愚か者』という風潮があります。また「親は親なりに一生懸命だったのだから」など、親側に立ったものの見方ばかりが正しいとされていて、親の方が守られる言葉は数多くあるのですが、もう一方の子ども側の立場や気持ちに目を向けた言葉はあまり見当たらないのが象徴的です。

このような親側のみに立ったものの見方での言葉には、子ども側の立場の人を抵抗不能にする、見えない圧力が存在します。また、それだけではなく、心の傷を負わされた子ども側の苦しみの歴史に親との因果関係があることが切り離されていることが多いものです。その結果、親を大切にしなければ罪悪感にさいなまれるという重荷のために、二重に子どもが苦しめられてしまうという現実を、私たちは認識する必要があるのです。

親への尊敬や感謝は、子どもの気持ちや感情を、親がきちんと受け止め、ひとりの人間として尊重されるという平等で対等な関係性の中で、自然と育まれていくものなのです。

子どもは親を選んで生まれてくる？

諸説あると思います。生まれる前のことを覚えている子どもさんでも、『パパ・ママを選んだ』と言う子もいれば、私の息子のように『神様がパパとママのところに決めた』と言う子もいると思います。息子は『子ども一人ひとりに神様がついて、滑り台で降りていく。嫌だ嫌だと逃げ回って、つかまって降りさせられる子もいるんだよ』と3歳前後の頃に話してくれました。どちらだとしても、それはそれとして、子どもは親の行為によって〝生まれさせられる〟ところに親の責任があるというのが事実です。しかし残念ながら「子どもを産んで親になる」ということに、どのような責任が付随するのかが正しく受け継がれていないのが現状です。

少なくとも『責任』の一切は子どもにはないのだ、という考えが一般的になれば、心の闇や病、生きづらさや対人関係・子育ての困難などで苦しむ人々が救われやすい環境に近づくのではないでしょうか。

Part 1
子どもには何ひとつ問題はない

第5章

“負”の感情

不満
反感
嫌悪感
怒り
敵意
悲しみ
寂しさ
不安
恐れ

自然に湧くもの
あっていいもの
私のもの

なるほど知識メモ

『嗜癖（しへき）』

『まったく！　何なのよ』『イライラする』『何だか胸がざわつく』『落ち着かない』『泣きたい気分』『つらい』『さみしい』…そんな状態の時、『一体自分は何によってこんな状態になっているのか』そして、どうしたら解決するのか、そのような〝自分のこと〟をどれくらい知っていますか？

〝そんな状態〟の時の頭や心の中は、散乱した部屋のようなもので、片付けたい、整理したいのに、どこから手をつけて良いのかわからず、モヤモヤしているのと同じような状態です。

〝整理整とんする〟ことを放棄して、〝そんな状態〟を放置していると、人は、落ち着かず安定しない心を何かで安定させたくなります。

とりあえず『食べる！』『飲む！』『ゲーム！』『ネット！』『スマホ！』『買う！』『恋愛！』『仕事！』

つまり現実逃避や発散という行為に当たるのですが、これらの行為が、気晴らし程度に留まらず、『それがなくては安定しないために、度を超えて耽《ふけ》る、のめり込む、自分の意志でやめることが困難なレベルに至っている』ことを『嗜癖（アディクション）』と言います。

●紛らさなければやってられない〝負〟の感情

心の中のモヤモヤは自分の中に湧いた〝負〟の感情によってもたらされています。

また、怒りや不満といった〝負〟の感情は、心の中に閉じ込められた状態で放置すれば、「寂しさ」や「空虚感」に置き換わっていきます。ですからそれらを紛らわす・誤魔化す必要があるのですね。

つまり、発散という行為に当たるのですが、その行為が、気晴らし程度に留まらず、『それがなくては安定しないために、度を超えて耽《ふけ》る、のめり込む、自分の意志でやめることが困難なレベルに至っている』ことを『嗜癖（アディクション）』と言います。

『嗜癖』は、何で紛らわすかによって大きく三つに分かれます（106ページの図参照）。

一つ目は、物で紛らわす

二つ目は、特定の行為で紛らわす

三つ目は、人を介して紛らわす

『嗜癖』という言葉はあまり聞き慣れないという方も多いと思います。しかし、『嗜癖』の中には多かれ少なかれ家族に悪影響を与えてしまう類のものがありますので、知識として把握しつつ、ご自身のこととしても見ていって頂きたいと思います。

まずは、『嗜癖』をもたらす〝負〟の感情についてと、浮遊したその感情が与える家族への悪影響について、あるママ（Fさん）との対話をご紹介します。

〔Fさん〕「先日、父の誕生日のお祝いのことで、嫌なことがありました。今まで私が仕切って姉妹からということでプレゼントを準備していたのですが、ふと、何で父からはプレゼントなどないのに私がこんなに気を遣わなくちゃいけないのかと不満が湧いてきて、今回は妹に託したのです。誕生日当日、一応お祝いの電話はしないわけにはいかないと思って電話しました。その時私、律儀に、妹にプレゼントを任せたことを言ったのです。やってくれた妹にも悪いですから。そうしたら、父は『なんだ、お前たちは全部妹に任せてばかり』と。驚いて言葉が詰まりました。今まで私がやってきたのですから。

そこまではまだ良いとして、それを夫に話したら夫は父の肩を持つのです。『男親はそんなものじゃないの？』とか『お父さんは照れているんだよ』とか。

あとは押し問答です。

〝あなたはわかってない。今まで親を気遣って真面目にやってきた私の心を父は踏みにじってる。父にはデリカシーがない〟

『俺に当たるなよ』

〝あなたが父親の方の肩を持つからでしょ？〟

『俺はただFの気持ちが治まればと思って』

〝悔しいのよ。この気持ちは誤魔化せない。父は妹がお気に入りなんだから〟

特定の行為に対する嗜癖

インターネット、ケータイ、ゲーム、自慰、
ギャンブル、仕事・勉強、買い物（浪費）　など

物に対する嗜癖

アルコール、薬物、
ニコチン、カフェイン、
食べ物（過食）など

人を介する嗜癖＊1

共依存＊2、
恋愛（浮気）、セックス、
いじめ、虐待、
愚痴、八つ当たり・叱責、
干渉　など

嗜癖《しへき》って？

＊1　人を介する嗜癖…優越感を得たり人を支配することで、自分の心を安定させようとする傾向にある。

＊2　共依存…自分の心の中に閉じ込められた怒りや不満、恐れ、悲しみ、寂しさ、空虚感などの〝負〟の感情を紛らわすために、①『あなたのために』『あなたのことを心配して』という空気を醸し出しながら、愛情や親切を名目として、相手が断りづらいような・相手に罪悪感を抱かせるような身の振り方で相手に近づいて、『世話を焼く』『面倒を見る』『尽くす』というもの。

〝負〟の感情を紛らわすための嗜癖として、『世話を焼く』『面倒を見る』という一面だけでなく、相手の『世話を焼く』『面倒を見る』という行為の中から優越感を得ることにより、自身が抱える空虚感や無力感の穴埋めをしようとする意味合いも含まれている。

あるいは、寂しさを紛らわすために、②相手の同情を誘うような身の振り方で相手を引き寄せて（相手を動かして）ケアを引き出すというもの。

このような関わり方を通して、相手にしがみつきながら（寄生しながら）、相手を自分の思うようにコントロール（支配）すること。

そこには『自分をいつまでも必要として』、『自分の望むようなあなたのままでいて』という自己中心的な欲求と、相手が精神的に成熟し自立して、自分から離れていくことへの恐怖が存在する。

①の共依存は、『愛情の皮をかぶった侵入』であると言い換えられ、極めてわかりにくい支配であり、気づかないところで、強烈なしがらみで相手の人生を支配し続ける。特に、親から子どもに向けられた時が深刻である。

『焼きもちなの?』〝私を怒らせたいの? 『それはひどいね』って言ってくれたらいいじゃん!〟という調子です」

そうでしたか。でも、今までお父さんのためにとやっていたことより、自分の気持ちを優先して妹さんに託すことができたのは尊い変化だと思いますよ。

〔Fさん〕「そうですか…。夫にもわかってもらいたかったです。せめて夫が私の気持ちを汲み取って共感してくれたら、私はあんなにむしゃくしゃせずに済んだのです」

なるほど。では、ちょっと想像してもらえますか? もしそこにご主人がいなければ、Fさんの気持ちはどうだったでしょうか。

〔Fさん〕「モヤモヤしたままだったとは思います」

モヤモヤした時は、普段どのようにして解消されますか?

〔Fさん〕「その時々で違うと思いますが、よくあるのは家の中の汚れや散らかりが気になり始めて、イライラしながら掃除・片づけに没頭するとか…でしょうか。夫や子どもからすれば、今日のママは虫の居所が悪いから要注意といった状態だと思います」

そうですか。今回の場合、Fさんは、本当はお父さんの言葉に腹が立ちました。お父さんの言葉はFさんのこれまでの気持ちや行いを無にしてしまうもの。Fさんの怒りはもっともだと言えます。ところがFさんは、お父さんに対し、自分の気持ちを言葉で適切に伝えることができませんでした。その怒りの矛先がご主人にすり替わったことに気づきませんか？

以上がFさんとの対話です。

実は、怒りや不満などの〝負〟の感情や出来事に関する『共感』には、相手の感情の受け止め役になったり、相手の感情を肩代わりするという一面があるのです。

わかりやすく言うと、怒りや不満を誰かに聞いてもらって相手の方が共感してくれたら気持ちが楽になりますよね。Fさんもそれを求めていた。しかし、結果的にご主人は、受け止め役・肩代わりを引き受けなかったわけですね。そこで行き場を失った、お父さんのことで湧いた〝負〟の感情が、いつの間にかご主人に向けられる形で発散されたのです。いわゆる、八つ当たりです。

このケースから考えるに、お父さん、ほかにも親兄弟や他人との関わりで湧いた〝負〟の感情のために、問題とは直接関係のないご主人と衝突や摩擦が起こっているとしたらどうでしょうか？　あるいは、その不満や怒りを「愚痴」、「叱責」、「干渉」という形で子どもさんに向けて発散し、それが日常化しているとしたらどうでしょう。

106ページの図にあるように、日常化した「愚痴」「八つ当たり」「叱責」「干渉」なども、『嗜癖』のひとつであり、家庭内に〝負〟の影響がもたらされるのです。

ママ（パパ）が〝負〟の感情で家族を巻き込まないようにするために、どう処理するか、が一大事になってくるように思いませんか。

多くの場合、〝負〟の感情は、処理はおろか自分の中にあるものとして認識することが想像以上にできていないものです。認識できていないから浮遊する。浮遊してモヤモヤしたものは、紛らわさなければやっていられない、というわけです。

ではどうして人は〝負〟の感情を紛らわす（誤魔化す）ようになるのでしょうか？

その答えをゆっくり見ていきましょう。

それは、生まれ育った環境が、機能不全家族であったことに起因しています。機能不全家族とは、親によって親としての責任と機能を果たされていないために子どもが子どもらしく生きることのできない、安心・安全感のない家族のこと、でしたね。そのような環境では、親にとって都合の悪い、子どもの〝負〟の感情は、表に出すことを許されないか、出して怒られたりすると、閉じ込めなければならなくなっていきます。

ママの子ども時代がそうだったとすると、現在のご自身の家庭はいかがでしょう。

第3章で『子どもを作った親の責任』ということについて詳しく触れましたが、機能不全家族を受け継がない意識を高めるために、もう一度『親としての責任、そして機能』と機能不全家族との関係について確認しておきましょう。

●親としての責任と機能と回避とは?

親としての責任と機能とはどういうものでしょうか。

例えば、子どもさんがすくすくと心身共に健康に育つ環境を作ることは、子どもを作った親の責任です。しかし、機能不全家族においては、次のような親の責任に対する回避が起こっています。

・『親が子どもに適切な愛情と保護を与えることができない』
・『子どもの人格や存在を否定するなど、子どもをひとりの人間として尊重できない』
・『子どもたち一人ひとりに対して平等に接することをせず、えこひいきをする』
・『親の都合を優先し、子どもの欲求やニーズを満たさない』
・『親の要求を満たさなければ子どもに愛情を与えない』
・『子どもに親の世話役をさせるよう引き出したり、子どもに親の支え役を強いている。または、強いてなくても、いつの間にか子どもが親を支えている』
・『親自身が解決すべき問題や、処理すべき感情の責任を、自分で処理できず、「八つ当たり」や「愚痴」という形で子どもに負わせている』
・『親の理想や欲求を満たすために、子どもを利用している』

さらに問題なのは、その責任を子どもに負わせてしまっているというところで、そのために子どもが子どもらしく生きることができないというものです。多くは、親や大人側に立ったものの考え方で子育てが行われていくのですが、それが極端に親や大人側の都合に偏ってしまった時に、子ども側の気持ちや意志への配慮が乏しくなってしまうのです。

●「子どもや嫁の立場での意見なんてあり得ない」と思う場合は機能不全家族に当てはまる

いかがでしょうか？　現在大人になってからの親子関係においても、親と子に上下があり、子どもが親の立場や都合を優先するのが常となっている。例えば子どもや嫁の立場での意見の主張なんてあり得ないなどと思われる場合は機能不全家族に当てはまると言えます。

〔葉子〕「嫁の立場でものが言えないなんて、大体どこの家庭でもそうですよね？　家に帰ってくるとどっと疲れますが（笑）」

そうでなければうまくいかない、というところでしょう。では〝機能〟についてはいかがでしょうか。

〔葉子〕「機能ですか…、機能不全は機能していないという意味ですよね…。機能とは、家族関係が円滑で、みんなが生き生きと過ごせる家庭にする働き、でしょうか」

そうですね。ではどうしたら円滑になるのか、みんなが生き生きと過ごせるのか、反対に、どうであったら生き生きと過ごせず、何かに執着して紛らわす・誤魔化す『嗜癖』につながってしまうのか。そこをはっきりと認識するために、『嗜癖』を生じさせる機能不全家族について、より深く見ていきましょう。

●“負”の感情、やはり紛らわすよりほかないの?

私は、親の、アルコール依存症や暴力などの表立った問題の存在を問わず、

・家族間に対等性・平等性が失われていて、

・子どもから自然に湧いてきた欲求や感情を受け止めることをせず、

・子どもを親の都合や価値観で縛り、
・子どもの持って生まれた資質や個性を花開かせる環境を築く努力や責任を負おうとしない親のいる家庭

は、〝機能不全家族〟だと認識することが必要であると考えています。

ある専門家は、『日本人の家族の八割近くが、機能不全家族のように思える』とも言っています。

『嗜癖』が生み出されるのには、そのような機能不全家族の中で生きてきた中で、幼少期から、子どもが承認欲求を十分に満たされることなく、**不満・イライラ・怒り・敵意・恐れ・不安・悲しみ・寂しさ**などの〝負〟の気持ちや感情を受け止めてもらえず、我慢を強いられてきたという背景があります。

その満たされない欲求を『嗜癖』で紛らわす・誤魔化すわけです。子どもの指しゃぶり・自慰行為・ゲーム嗜癖などがそれに当てはまります。

年齢を問わず、その時に湧いた感情を見ないように存在しなかったように振る舞う、心の奥底に押し込むなどした結果、抱えることが耐え難くなった、自分にとって都合の悪い〝負〟の感情を、『嗜癖』として、紛らわす・誤魔化すようになるのです。

これらは、機能不全家族の中で適応していくために抱えることとなった〝負〟の感情の責任を、本来負うべき親に返すことができていないために、それら〝負〟の感情を『嗜癖』にすり替えているとも言えます。

『嗜癖』と『趣味』との違いについては吟味が必要なところですが、目安としては、例えば、好んで習慣的に繰り返し行う行為・事柄やその対象（スポーツやサークルを含む）が気分転換やストレス解消発散レベルに留まらず、「いつもそのことばかり考えてしまっている」、「そのことが優先され、ご夫婦や子どもさんとの会話や交流が疎かになってしまっている」、ようであれば、積極的に『嗜癖』と捉え、優先順位を見直すこと、『嗜癖』の改善に取り組むことが大切です。

●嗜癖は必ず起こる？

〝負〟の感情を紛らわす手段である嗜癖ですが、中には嗜癖ではなく症状で出る場合もあります。それは、〝負〟の感情を紛らわすことができない状況や環境にあったり、〝負〟の感情を紛らわす器用さや術《すべ》を持ち得ない人の場合です。その場合〝負〟の感情の、精神（心）や身体への蓄積とともに、精神（心）や身体が、精神症状ないし身体症状を出して悲鳴をあげることになるのです。

症状としては、軽いものから重いものまで、強弱はあるものの、実際には、嗜癖と症状の両方を持ち合わせている方が多いという印象を受けます。

嗜癖や症状へとつながる〝負〟の感情は、不満・イライラ・怒り・敵意・恐れ・不安・悲しみ・寂しさ・空虚感・嫉妬・劣等感などさまざまです。嫉妬も劣等感も寂しさも、苦痛ではないですか？

どんな感情も、そのまま表現することが許される環境で育っていれば、心の奥底に押し込む必要などありません。そうであれば、湧いた感情がどのようなものであっても自分のものとして見ることへの否認は少なくて済みます。

●優しいママでいられるためには

機能不全家族の中では、子どもが本来負わなくて良いはずの責任を負わされることになります。そこを認識できず、無用な責任を本来負うべき親に返すことをしないままでいると、見ないように感じないように心の中に押し込んだ〝負の感情〟（責任）を、
・お酒で紛らわしていくか、それとも、そのほかの嗜癖にすり替えていくか（何かのせいにしていくか）、
・八つ当たりなど、人を通して紛らわしていくか（人のせいにしていくか）、
・そのまま閉じ込めていって（自分のせいにして）症状を抱えていくか、
ということになるのです。

ですから、生きづらさや対人関係・子育て・嗜癖などの問題を改善させるためには、無用な責任を負わされていたことに気づいて、本来負わなければならなかった親に責任を返すことが必要なのです。

『返す』とは、負わされていた責任を自分から切り離す作業のことです。詳しくは、主にＰａｒｔ２の『安心・安全な子育てのために』で説明していきますが、その作業の内容を簡単に述べておきます。

①　子ども時代の自分が本来負わなくて良かった責任（役割や義務、そして後述するトラウマなど）を負わされていたことに気づいて、その責任は、親が負わなければならなかったものであることを認識すること。

②　幼い頃からの消化されていない〝負〟の感情を拾い上げながら解放していくこと。

③　親との関係性や、機能不全家族の中で身につけることとなった生き方・考え方や人間関係のパターンを、自分にとってプラスになるように変えていくこと。

④　感情を適切に処理できるスキルを身につけていくこと。

機能不全家族の中で抱えることとなった〝負〟の感情を解放して、心に隙間を開けることが優しいママでいられるために必要なことであり、この、『感情の解放』と『感情を詰まらせない生き方』ができるようになれば、人に当たったり干渉したりすることで紛らわす必要もなくなるのです。

なお、①の『責任の所在の認識』については、Ｐａｒｔ　1と『巻末セラピー・メモ①②』

で紹介します。

②・③・④についてはＰａｒｔ２の、主に『手紙書き（第８章）』や『マイナスに働いている信念・信条をプラスに換える（第10章）』、そして『巻末セラピー・メモ③』で紹介します。

Part 1
子どもには何ひとつ問題はない

第6章

現在に浮遊する過去

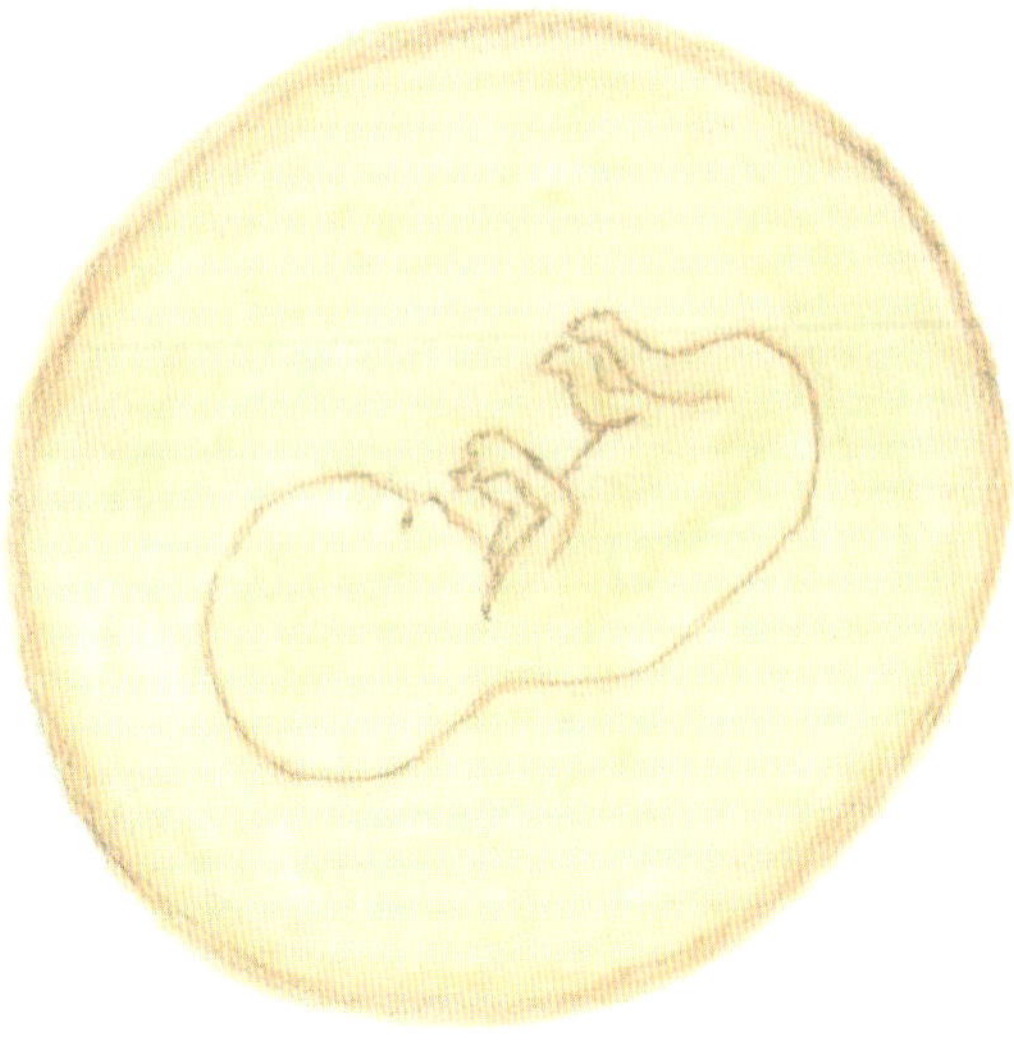

ねぇママ、生命《いのち》って何？
人はどうして生きるの？
何のために生きるの？
私はどうして生まれてきたんだろう？

ママは生まれた子どもが私で嬉しい？
私は私のままでも喜べる？

大好きなママに認めてもらえないのは
一番つらい。
ママの言葉、その目で否定されると
心が悲しくなる。

私のままの私を、それでいいと
言ってほしい。
私は私のままでいいと思いたい。

なるほど
知識メモ

『トラウマの後遺症』

一般的によく聞くＰＴＳＤ（心的外傷後ストレス障害）という、一度受けた外傷体験によるトラウマの後遺症に対し、**『複雑性ＰＴＳＤ』**という言葉があります。

これは、虐待・いじめなど、育ちの中で繰り返し『恐怖』にさらされることで、トラウマ（心的外傷）とその後遺症が残ったもののことです（ただし、性的虐待と身体的虐待に関しては、たとえ一回切りの出来事であっても、子どもの心に大きな傷を負わせることになります）。

ＰＴＳＤの主な症状には次のようなものがあります。

＊ＰＴＳＤの主な症状

・過去のトラウマ体験を生々しく思い出したり、それに関する苦痛な夢を繰り返し見る。

・過去のトラウマ体験を思い起こさせるような場所・人・行動などを避けようとする。

・感情が生き生きと感じられない。感動できない。無意識のうちに感情を鈍麻させている。

・人と温かい心の交流を持てない。精神的な苦痛を感じないよう、人との関わりを避ける。

・トラウマの原因となった出来事を想起するような出来事に遭遇すると敏感に反応してしまう。例えば、人が怒ると反射的に固まってしまう、人から支配的な態度で接されると怒りを覚えキレてしまうなど。

・周囲に対して警戒を続け、緊張感が持続し、安心感・信頼感を持てない、落ち着かない、集中できない、人に侵入されるのではないかといつも自分の身の安全のことばかり考えている。

などです。

●心の傷の後遺症

〔葉子〕「前回のカウンセリング後、人との関わりなどで自分が何を感じているのか、今までにないくらい意識して感じるよう心掛けました。すると私は、想像以上に簡単にムカムカが湧くのだということがわかってきたのです。そのムカムカで家族を巻き込んではいけないから溜めないように、とは思うのです。でも、だからといって、気持ちや意見を相手に伝えるなど、何とかしなきゃと思うと身体が固くなって、何も言わない方が無難だという考えになって、結局行動はできていないのです。どうしても、相手がムッとしたり空気が凍りついたりする状況を想像すると、身体が固くなって何も言えなくなってしまいます。だから人と関わることに苦手意識があるのかもしれないと思ったのです」

葉子さんは、ご自身の生きづらさや、対人関係の苦しみ、子育ての中で見えてくる問題などが、ご両親との関係性やご両親が作られた成育環境に起因しているということについては認識できるようになりましたか？

〔葉子〕「それについてはかなり認識できてきているとは思っています。以前は、それが親との関係からきているものだとは気づいていませんでしたが」

以前の葉子さんと同じように、生きづらさなどから自分はACに当てはまると気づきながらも、それが親との関係に起因していることにはつながっていない方は大勢いらっしゃいます。そのACの人たちに共通しているのが、罪悪感に支配されてしまうところです。しかしその罪悪感は、あくまでも無力だった子ども時代に種のように植えつけられたことによって抱いてしまう感情であって、今の自分の生きづらさや人間関係の苦しみなどの責任は、子ども時代の親との関係にあるのが実際のところです。

ACという概念は、その責任の所在を確かなものにして、罪悪感から解放されるための重要なキーワードとなる用語なのです。そこで、生きづらさなどの責任が親にあったのだと認識できて、その人が楽になればそれはそれで確かにひとつの結果だとは思います。

しかし、さらに具体的な対人関係や子育ての問題までの改善が求められる場合は特に、過去まで遡って、子ども時代の、親または自分に重大な影響を与えた身内との関係や出来事を客観的に見つめ直すことが必要です（巻末のセラピー・メモ①②参照）。

複雑性PTSDという言葉（123ページ参照）がありますが、現在の苦しみや問題が、子ども時代に受けた虐待などのトラウマの後遺症によるものであるという意味で、これはACとも関連性があります。

それを把握して以来、私はPTSDとして今も浮遊し続ける過去のつらかった体験や出来事をきちんと過去のものにする作業を大切にしています。葉子さんの、身体が固くなってしまうという現象も、ＰＴＳＤの症状として捉える必要があるかもしれません。
では、ＰＴＳＤの因《もと》となった、トラウマ（心的外傷）についてより深く見ていくことにしましょう。

●子どもを縛るメッセージ

123ページでお伝えしたようなＰＴＳＤの症状を抱えている方の中には特に、感受性が強く、敏感で繊細な素質や強い個性を持った方が存在します。そのような方は、心の誤魔化しが効かないという場合が多いのです。

その、繊細で傷つきやすい方たちにとっては、虐待的な言葉や行為によって心の傷を負わされる体験だけをトラウマ（心的外傷）として見ていくのではなく、わかりにくいコントロールとも言える、【子どもの心への侵入】によるトラウマについて、しっかりと認識していかなくてはなりません。言葉の真意もよくわからない無力な子ども時代に、子どもにとって決して気持ちよく感じられない大人たちの偏った考えや価値観（言葉でなくても、ある出来事やその時の空気・雰囲気の中に込められたメッセージ性のあるもの）を刷り込まれる体験は、子どもにとってはどれも不本意な心への侵入であり、想像以上に心や自尊感情を踏みにじられる体験になるのです。

そのトラウマを回復させるには、子どもの頃に心に傷を負ったり、心への侵入を受けたりしたまま取り残されてきた自分（インナーチャイルド）の本当の気持ちを拾い上げ、その傷や侵入の中身、またそれに付随する感情に光を当てていく必要があります。なぜなら、それに気づくまで、その方に症状やさまざまな問題・現象という形で、心の傷や自尊感情の回復を訴え続けるからです。

●愛情さえあれば〝虐待〟じゃない？

では次に、トラウマの主な原因になっている、〝虐待〟（心への侵入を含む）についてお伝えしておきたいと思います。

虐待には、[*1]身体的虐待、[*2]性的虐待、[*3]ネグレクト（放任虐待）、および心理的虐待などがありますが、ここで特に注目して頂きたいのは、〝心理的虐待〟のわかりにくさです。

〝心理的虐待〟の中で非常に多いのが、

①「有害な言葉・態度・コントロールを受ける」

②「育ちの中で繰り返し恐怖・圧力（無視や無言を含む）にさらされる」

③「〝子どものため〟を名目として、一方的に価値観・理想・期待を押しつけられる」

などですが、そのほとんどが、躾《しつけ》や教育という名のもとに行われてきているために、〝虐待〟としての認識はおろか、問題として意識されることがありません。

＊1　身体的虐待…叩く・殴る・蹴る・投げとばす・激しくゆさぶる・つねる・縛る・首を絞める・溺れさせる・灸をすえる・蝋《ろう》をたらす・タバコの火を押しつける・水や湯をかける・唾を吐きかける・どこかに閉じ込める・外に締め出す・長い間立たせる　など

＊2　性的虐待として認識されにくいもの…性的な言葉や話を聞かせる・胸や下腹部への視線を浴びせる・体を触る・入浴や着替えを覗く・性的対象として扱う・性行為または性的な行為を見せるなど

＊3　ネグレクト（放任虐待）…食事を与えない・家に閉じ込める・車の中に放置する・お風呂に入れ

ない（不潔のまま放置する）など

〔葉子〕「トラウマというのはつまり〝虐待〟による影響を多く受けているということですね。ちょっと失敗した時に母の機嫌が悪いと、「何やってんの！」と、頭をパシッと叩かれたことも、親にとってはたいしたことでなかったとしても、私にとっては悲しいことでした。ほかにも兄弟喧嘩が激しいとそれに激怒した母から叩かれたり、叱られて外に出されて泣いていたことがあったり、でもそれは怒らせた自分たちが悪いのであって、〝虐待〟だとは捉えていなかったんですよね。体罰ですら〝虐待〟とは認識しないのに、無視など、体罰以外の内容についてはあまりに当たり前すぎて、なおさら〝虐待〟とはつながらないんですよね」

『虐待だなんてとんでもない！　ダメなことはダメだと教え、ちゃんとした子に育つよう、愛情を持って叩けば、それは虐待でない』と考えているお父さん・お母さんも結構多いのではないでしょうか。それでも、（お母さんの方には特に）、怒ったり叩いたりしたことに、後味の悪い罪悪感を抱える方が多いのですが、なぜ自分は叩いてしまうのかという疑問を自分に向けることや言葉で子どもを諭すことができず、叩いてしまう自分を内省することを避けて、問題をすり替えてしまうのです。

〔葉子〕「体罰についてテレビで議論されるようになったのは近年ですよね。昭和の後期に育った私の頃は、小学生くらいまでは体罰は当たり前で、学校や習い事で叩かれることは普通によくあることでした。実は私、中学生の頃、母の財布から何度かお金を抜き取って、それが見つかった時、激しくビンタされました。痛かったけど、母に悲しい思いをさせて悪かったなと思いました。あとどこかに、とうとうなのかやっとなのか、見つかったことでもう抜き取ることを止められる自分にホッとした気持ちもあったような気がします」

ホッとしたというその気持ちには、大事な意味がありますよ。これまでも、本来は親のものである責任を子どもが負わされていることがある、ということについて触れてきましたが、葉子さんの財布の件もまた、そのことと関係しているのです。その時の葉子さんのためにも、これから子育てをされるに当たっても、とても大事なところですので詳しくお伝えしますね。

●子どもが起こす問題は子どもの問題ではない

親が困るような子どもさんの問題は、子どもさんに原因があるのではなく、親や家庭のわかりにくい問題や影の部分が映し出されたものであるという一面があると考えて頂きたいのです。

親や家庭のわかりにくい問題や影というのは、「夫婦間の溝」や「ママ・パパ自身の身内との関わり」、「ママの、嫁ぎ先のご家族への違和感」など、主に、表に出せない〝負〟の感情が関係しています。特に、ママ・パパの置かれた環境が『対等性』・『平等性』のない、息苦しい環境や状況になっていると、ママ・パパの〝負〟の感情は蓄積していきます。そこでママ・パパが、自身の都合の悪い怒りなどの〝負〟の感情について、自身のものとして受け止められない場合、心の中に詰まった感情が、子どもさんの行動となって映し出されることがあります。その結果、万引きや窃盗、そのほかにも、ママ・パパを怒らせるような・困らせるような、子どもさんの問題として歪んだ形で表に出てくることがあるのです。

子どもが何か悪いことをすると、親は叱る。それが教育（躾）であり、親の責任であるという考えもあります。しかし、子どもが起こす問題や悪事を、子どもの問題と捉えて教育（躾）しても、問題の根っこはなくならず、形を変えて問題が繰り返されるに過ぎません。

つまり、「何てことをしてくれたんだ」と叱ることより、表に出せていない、親御さんの〝負〟の感情の存在に焦点を当てることが先決なのです。

葉子さんは、ママのイライラや怒りを誘発する子どもさんの行動について「やたらと」「わざと」「当てつけ」のように感じられて、子どもさんを怒りたくなる時、怒ってしまう時がありませんか？

〔葉子〕「日常的によくあります。例えば

・やたらと泣きやすい日があって、何かにつけて泣きに入るたびに私の方がだんだん耐えられなくなってくる

・お出かけ前などママは急いでいるのにモタモタして、指示しても言うことを聞かない時、わざと怒らせようとしてるの？と思う

・危ないと思うことを注意したり、止めたりすると、わざと、当てつけのように同じことを繰り返し、エスカレートする。

そんなふうに感じています」

こういったものも、親御さんの感情が子どもさんに映し出されていると考えるとどういう感じがしますか？　ママ、またはパパの心の中に閉じ込めている怒りなどの〝負〟の感情が存在する時、それに気づかなければ子どもさんに映し出される。結果的に、子どもさ

んによって怒らせられることで発散する形になっているということです。つまり、ママ、またはパパが閉じ込めた感情を吐き出させる(解放させる)という役目を子どもさんが担っていると捉えたら、〝怒ってしまうパターン〟はどう変化させられるでしょうか。

●子どもは、親や家族機能を正常化させる

子どもには、そこまで親の心の状態が映し出されるということが、さまざまなご家族とのカウンセリングでの関わりから見えてきます。つまり、ママやパパの浮遊した感情の影響を敏感な子どもが受けてしまう、ということでもあるのですが、角度を変えて見ると、それだけ子どもは、親や家族機能を正常化させる力を持っていると言えるのです。

〔葉子〕「子どもの言動の意味に気づいて親が変われれば良くなるということですね……そういえば、最近娘の後追いが激しくて、私がうっかり何も言わずに姿を消そうものなら、ママーっどこーって、パニック状態になるんです。その声や表情にゾッとしたり、胸や頭が圧迫されるような感じで、時々怒りまで湧くこともたびたびあるんです。その時なぜか『当てつけなの?』って思っている自分がいます」

●子どもに映し出される現象

後追いのような現象にもＰＴＳＤは関係しています。程度の差はあれ、ささいなことと思えるようなことでも、ＰＴＳＤ『トラウマの後遺症』という視点を重要視して、その背景を把握することが大切です。例えば、迷子の体験など、ママと離れたことが不安や恐怖だったという体験があれば、その感情がきちんと消化されるまで浮遊し続けます。今、娘さんにそういうものがフラッシュバックとして起こっていると考えられます。それくらい子どもさんの心は、デリケートで傷つきやすいものだと考えられていた方が良いと思います。

幼い子どもさんの場合、自分ではまだ処理することのできない気持ちを、大人に受け止めてもらい、気持ちが整理されて安心が得られるまで、心と身体を十分に包み込んでもらうことが必要なのです。ところが、受け止める側のママが幼い時、親から突き放されるなどして安心が得られていないと、子どもさんの気持ちに寄り添うことが中々できません。葉子さんにも何かそのような、トラウマティックな体験があったのではないかと思うのですが。

〔葉子〕「いくらでもあったと思います。そこにはいかにもうんざりした表情や、泣き叫ぶ私を放置する母の様子が浮かんできます」

その時の小さい葉子ちゃんはどれだけつらかったでしょうね。パニックになる娘さんの姿から、「ママも小さい時、本当はもっと泣いたり怒ったりして良かったということ、けれど、そういうものを受け止めてもらえる親や環境ではなかったのだ」という事実を読み取ることができるのです。

葉子さんが娘さんの状態を〝当てつけ〟と思われたのは、パニックになったり泣いたりわめいたりしてはいけないという、自分に課した禁止がもとになっています。娘さんに重なった幼い自分へまでも『泣いちゃダメ』と禁止している現在の葉子さんに、『何で泣いちゃダメなのよ！』と追及されているような気持ち、それが〝当てつけ〟に感じられるのです。それに、禁止によって封印してきた感情や心の傷に直面させられることもまた、『ありのままの感情をそのまま感じ取る』ことへの禁止を破ることになるため、苦痛に感じられるのですね。

〔葉子〕「あぁ、なるほど。確かに『そんなに私の心をかき乱したいの？』って思うんです」

実は、子どもさんの後追いで苦しむお母さんは非常に多いんですよ。私が開設しているブログ上の数あるQ＆Aの中でも、閲覧数が一位なのです。『後追い』という現象から感じられるのは、子どもさんの『ママの心が見えなくて不安』という気持ちです。ママが悩みや心配事、〝負〟の感情で心が詰まると、なおさら口数が減ります。そしてママの心はそちらにとらわれることで、子どもさんの心と分断されます。子どもさんはママと心が離れてしまっていることを敏感に感じますし、ママが「何を考え」「何をしようとしているのか」、そのような心の中が見えないことが不安なのです。これはまさに〝機能不全家族〟におけるコミュニケーション不足の状態であると言えます。それを改善してもしなくても、ある年齢になれば『後追い』自体は無くなります。しかし、幼い頃の、処理されず浮遊した恐怖心や不安は、やがて形を変えて何らかの問題や苦しみを呈することになるのです。

ですから、この現象を『子どもさんにとって安心・安全な環境を構築する必要があることを促されているもの』と捉え、娘さんだけでなく、自分の心や過去と向き合って、幼い頃の自分、つまりインナーチャイルドの声をきちんと拾ってあげることが家族機能の正常化につながるのです。

Part 1
子どもには何ひとつ問題はない

第7章

恐怖と向き合う

身体的な傷は
放置していても
いつかは痛みが消え
傷も治っていくことが
多いのですが、
心の傷の場合、
痛みは消えたかのように
見えても、
放置していたら
傷自体はけっして
治ることは
ないのです。

なるほど
知識メモ

『潰したくない子どもの感情』

ゆいちゃんは、「本当は痛かったのに、ママが痛くない痛くない、泣かないのと言うのが嫌だった、悲しかった」と泣いた。

しゅんくんは、「妹はかわいくない。大嫌い。妹なんかいなければいい」というので「どういう時にそう思うの？」と聞いた。邪魔ばかりされるのと生意気なのが嫌なのだ。

まだ正直さが残っている年齢の子どもたちは、本当の気持ちを拾って肯定してくれる大人がいれば、ちゃんと本当の気持ちが出てきます。

ママ・パパになった私たちも、無力な子ども時代にそういう大人がいてくれたら、もっと、自分というものに自信が持てたはず。

今の私たちにできることは、無力な子ども時代の自分に『本当の気持ちが大事だよ。それが正解だよ。言っていいんだよ、私が守ってあげるから』と言ってあげること。そして、同じことをわが子に言えるママ・パパになること。

3歳のそうちゃんは、怒ったら大声で泣きわめいてママを叩いたり蹴ったりする。そこから、あなたの心はこんなメッセージを受け取れるのではないでしょうか。「ママも小さい頃、ママのお母さんに、こんなことで腹を立てていたんだよ。こんなふうに怒って、怒りをぶつけて良かったんだよ。自分をなくさないために、本当はそうしなければいけなかったんだ！」

怒りや悲しみを制御する家庭より、子どもが親に、ちゃんと怒りや悲しみなどの感情を吐き出すことができる家庭が健康なのです。

●見えない圧力が子どもに悪影響を及ぼす

第6章では、『トラウマの後遺症』を中心に見てきました。『心の傷』をもたらした〝虐待（心への侵入を含めての）〟には『恐怖』が伴います。その『恐怖』もまたトラウマとなって現在に〝負の影響〟をもたらしています。しかし、植えつけられた『恐怖』の存在に気づかなければ、身についた〝負〟のパターンは改善されません。この章では、『恐怖』の存在とはどういうことをいうのか、どのように生まれるものなのか、見ていくことにしましょう。

生活のすべてを親に依存せざるを得ない、知力・腕力・言語力ともに親にかなわない頃の無力な子どもにとって、高圧的な親の言動や態度は簡単に『恐怖』とつながります。また、わかりにくい〝心理的虐待〟は、見えない圧力でしかありません。にもかかわらず、どんな子どもも親の愛情や承認を必要としており、親への忠誠心が強いがゆえに、自分が親から傷つけられているという事実を中々受け入れられません。親の偏った価値観も、無意識に「親は正しいもの」として取り入れてしまっているため、〝虐待〟ということについては極めて認識が困難で厄介なのです。

本来、子どもの持って生まれた資質や個性が花開く環境を築くよう努めるのが子どもを作った親としての責任であることを認識して頂けたら幸いなのですが、親の理想や期待通りの子どもへと導くことを責任と捉えた場合、それは子どもの心の成長に悪影響を及ぼす可能性を抱いてしまいます。

例えば、「ほかの子に遅れをとってはいけない」とか、「高い社会性や適応能力・協調性・勤勉性を身につけさせることが大事」と思うと、ついつい〝この子のため〟といった理由で、親が自分の価値観や理想・期待を子どもに押しつけ、その期待に沿うようにコントロールしようとしてしまいがちです。〝この子のため〟、これが非常にわかりにくくて厄介なのです。

親の期待に沿えなければ子どもは罪悪感を抱くことになります。たとえ親の期待通りに進んだとしても、それは自分の本当の欲求に沿って自分の足で歩く人生ではなく、親の敷いたレールに乗っかったままの人生と言えるでしょう。どちらにしても、親が子どもの人生の選択を極端に限定することは、子どもの自由意志を奪い、子どもの個性や独自性の発揮を妨げますし、その子がその子らしく健全な心の発育・成長を遂げることを困難にします。このことから、これも親の価値観で子どもの人生を縛るという、〝心理的虐待〟に該当することになります。基本的に、「子どもの人権を侵害し、子どもの心身の成長および人格の形成に悪影響を及ぼす親の言葉や態度全般のこと」を〝虐待〟だと認識して頂きたいのです。

〔葉子〕「つまり、心をしぼませる親の言動や圧力は、私にとって〝虐待〟だった……と受け止めた方が良いのですね」

その内容について詳しく見ていきましょう。葉子さんは、子どもの頃、次のような言葉のどれかを、繰り返し聞かせられていたことはありますか？

子どもの自然に湧いた感情や欲求を閉じ込めさせる言葉

□「いつまで泣くの？　みっともない」
□「そんなことぐらいで泣かないの」
□「お姉ちゃんなんだからもう言われなくてもわかるでしょ」
□「我慢しなさい」「女の子なんだから大人しくしておきなさい」
□「あなたたちはどれほど恵まれているかわかってるの？　世の中にはね……」
□「そんなふうに怒ったら、人に嫌われるよ。おかしいよ。偉くなれないよ」
□「わがまま言わないで」「もっと大人になりなさい」
□「だまって親の言うことを聞いておきなさい」

〔葉子〕「『どれほど恵まれているかわかってるの？』以外は言われていない言葉はないですね。うちの場合、『うるさい！　だまってなさい！　言い訳するな！』っていうのが多かったですね」

では、次のような言葉についてはいかがですか？

子どもの心の成育に悪影響を及ぼす（自尊心や尊厳を踏みにじる）言葉

- □「あんたなんか産まなければよかった」
- □「本当は産みたくなかった」
- □「望んでできた子じゃない」
- □「男の子だったらよかったのに」
- □「バカだ」「みっともない」
- □「ダメな子」「最低なヤツだ」
- □「役立たず」「あなたにはガッカリした」
- □「邪魔だ」
- □「あんたのせいで」
- □「そんな子はうちの子ではありません」

□「あんたなんか居なきゃいいのに」
□「そんな子に育てたおぼえはない」
□「あなたは拾われてきた子」
□「もう知りません」
□「さようなら」
□「勝手にしなさい」
□「お母さんはこの家を出ていこうと思う」
□「死にたい」
□「○○はお母さんの言うことをよく聞いて本当に良い子。
それに比べてあんたはまったく〜〜〜」
□「生意気言うな」
□「そんなことをしたら捨ててくるぞ」
□「言うことを聞かないなら出て行きなさい」
□「まったくあんたは面倒くさい子だね」
□「あんたは本当に親を困らせる子だね」

●「バカだ」「ダメな子」「本当に親を困らせる子だね」は子どもの力を奪う言葉

〔葉子〕「いくつか当てはまります。『バカじゃないの』『ダメな子』『本当に親を困らせる子だね』という言葉はよく言われていました」

このような言葉によって子どもが不安や恐怖心に迫られた時、親から言われた言葉を子どもは強迫的に取り入れ、それを心の中にそのまま埋め込んでしまうのです。『バカだ』『本当に親を困らせる子だね』『みっともない』などの、子どもの行いや容姿を馬鹿にする・侮辱するような言葉のほかにも、『ダメな子』『あんたなんか、居なきゃいいのに』『それに比べてあなたは……』などの、子どもの人間性や存在を否定するような言葉は、無意識のうちに心の中に埋め込まれ、それによって自己否定感や劣等感、自信のなさ、自責感、自己処罰傾向、ネガティブで歪んだ自己像、などを生み出すことになります。

言葉による〝心理的な虐待〟は、身体的虐待と同等か、それ以上に子どもの心を傷つけ支配する力を持っているのです。

身体的な傷は放置していても、いつかは痛みが消え、傷も治っていくことが多いのですが、心の傷の場合、痛みは消えたかのように見えても、放置していたら傷自体は決して治ることはないのです。

その〝心理的な虐待〟は、そのほかに次のような影響をもたらします。

〝心理的な虐待〟はどんな影響を与える？（その後遺症）

- □ 感情のコントロールができない時がある
- □ 自分のことが嫌いになる
- □ 自分の価値が見出せない
- □ 自信が持てない
- □ 何かあると自分のせいではないかと思う
- □ マイナス思考である
- □ 孤独・空虚感・寂しさがつきまとう
- □ 人を信じることができない
- □ 人にどう思われるか気になって、相手に合わせて自己表現ができない
- □ 怒りや悲しみ・苦しみが、子育てや対人関係（特に伴侶との間）で再現される
- □ 子どもを愛せない
- □ 人生に希望を見出せない
- □ 自発性・自主性・主体性が育っていない

□ 見捨てられるという不安がつきまとう
□ 集団に属していないと不安になる
□ 人の顔色・目つき・視線が気になる
□ 人から認められたいという思いが強い
□ 嫌われる、相手が離れていく、仲間外れにされることを恐れて、自分の正直な気持ちが言えず、心が詰まる

□ 役に立たないことへの罪悪感が湧く
□ 嫌なことに『Ｎｏ』と言えない
□ 良い人であることへのこだわりが強い
□ 親の考えや感じ方・価値観と違うことを選ぶことへの罪悪感がある
□ 侵入される・拘束される息苦しさがある
□ 完璧主義傾向にある
□ 強迫的傾向にある
□ 支配に服従してしまうパターンの種が植えつけられている
□ 自分が自分でない感じがある
□ 過剰に適応しようとしてしまう
□ 自分の感情や本当の欲求がわからない
□ 人前で激しく緊張してしまう

このような問題にも、子どもの頃に与えられた、先ほどお伝えしたような言葉が起因しているのです。

また、それらが〝虐待〟であったとしても、親はダメな自分を厳しく躾《しつけ》て立派に育ててくれたのだと無意識のうちに親を理想化してしまう傾向にあるのです。

●「従わせる」「コントロールする」のは子どものため？

親御さんが〝我が子のため〟と思ってされている躾の中で、その中身が〝虐待〟と認識されていないものが結構な割合で存在していることを実感します。特に強制や圧力が存在し、そこに脅しなどの『恐怖』を伴う躾は、トラウマとなって後遺症を残しかねません。

しかし、このような躾が子どもの心に傷を負わせ、正常な心の発育・成長に悪影響を及ぼしているということには中々気づかれることはありません。ましてや、このような躾が〝虐待〟に当たるということは、日本ではあまり認識されていませんし、〝虐待〟であるということに抵抗を示す人も少なくないのです。

例えば、「無理やり塾（習い事）に通わせられた」「将来は○○になるようにと強制された」「早寝早起きに厳しく、見たいテレビややりたいことはあきらめさせられた」…など、ママやパパが子ども時代を振り返った時、本当は嫌でたまらなかったり、納得できないまま親の考えに合わせさせられたりした思い出があります。そして、そのような親子関係が受け継がれ、今度は同じように、ママやパパが子どもさんを指導してしまうのです。

子どもにとって、親の指導が一方的で、納得感のないまま押しつけに感じられるものであれば、たとえそれが親にとっては重要なことでも、子どもにはマイナスの影響が与えられてしまいます。新しい世代のママ・パパが、そのような親子の関係性を受け継いでしまわないためにも、どういうことが〝虐待〟に当たるのか、しっかりと認識しておくことが重要です。

●優しいママ（本来の自分らしい自分）になるための重要なカギ

では次に、『恐怖』とその影響についてじっくり見ていきたいと思います。

その方の生きづらさや、対人関係・子育て・嗜癖などの問題、そして症状は、その方が気づかれていない、もしくは、意識されることの少ない、〝人に対する『恐怖』（対人恐怖）〟がベースとなっています。この『恐怖』が心の詰まりを起こさせる正体です。『恐怖』の存在・『恐怖』による影響について、しっかり認識していくことが、優しいママ（本来の自分らしい自分）になりたいという希望を叶えることに対しての、とても重要なカギとなります。

その、〝人に対する『恐怖』〟について、詳しく見ていきましょう。

●『恐怖』という種

『恐怖』にはさまざまなものがあり、それがトラウマの原因となっているわけですが、それは、身体的に痛みを負わされる『恐怖』とは限らず、罵られる・けなされる・睨まれる・否定される・迫害される・バカにされるような言葉に対する『恐怖』だったり、見捨てられる・のけ者にされる・自分以外の兄弟姉妹を優先される空気・雰囲気に対する『恐怖』だったり、子どもにとって抵抗不能な「躾」や「教育」という名目で一方的に侵入されることに対する『恐怖』だったりするのです。これは主に子どもの生存本能や自己存在価値が脅かされる『恐怖』、または、自尊感情を踏みにじられる『恐怖』と言いましょうか、低い自己価値や無力感・劣等感・自己否定感と、さらにその反動（防衛）として起こる「万能感」や「完全主義」、「状況をコントロールしようとする癖」を生み出す因《もと》になるものです。

その『恐怖』は、具体的には、その方の親や身内の序列的で上下のある不平等な関係性の中で、権利を多く持つとされている親や身内の年長者から年少者に対して種のように植えつけられたものです。

その『恐怖』の種を抱えたままの親子・兄弟姉妹関係を今も繰り返していたり、親・兄姉といった身内の年長者以外の人との関わりにおいても、相手が親・兄姉といった、自分に『恐怖』を与えていた人たちと置き換わり、同じような親子・兄弟姉妹関係が無意識に再現されることで、苦しみがもたらされています。その『恐怖』の種によって、気持ちや感情を閉じ込めてしまい、心の中に充満するからです。

●置き換わりという現象

この、相手が親や兄姉といった身内の年長者と置き換わるという現象は特別なことではなく、無意識のうちに頻繁に起こっています。相手に、親や身内の年長者と似ているところがないようでも、価値観が似通っていたり、相手が目上などの上下の関係性があると、知らず知らずのうちに親や身内の年長者と接する時と同じスイッチが入ってしまうような状態になるのです。

そして、トラウマを負わされてきた親や身内の年長者に対する怒りや恐れなどの〝負〟の感情を未解決のままにしておくと、それに気づくように、きちんと精算するようにと、心の奥底に潜んでいる怒りや恐れが、その人たちと置き換わるような人たちを引き寄せ、同じような関係性やそれに伴う苦しみが再現（再演）され繰り返されます。これが対人関係におけるＡＣの方が抱える〝生きづらさ〟です。

私は、背負ってきた苦しみの種となっている根本原因をつきとめるに留まらず、苦しみやその種を取り除くための具体的な作業（119ページの①〜④参照）を行わなければ、苦しみを生み出し続ける生き方・考え方や対人関係の細かい癖・パターンまでを修正することは困難である、と考えています。

その具体的な作業のひとつとして、苦しみ（対人関係・子育て・嗜癖などの問題、症状）の種となっているものと考えられる「親や身内との関係性の内容」「負わされた役割や義務・トラウマ体験の内容」について細やかに拾い上げていきます（その内容が、ご自身に当てはまっているか否か確認できるよう、より詳しい解説を巻末のセラピー・メモ①にまとめています）。

Part 2
『安心・安全な子育てのために』

第8章

『書く』ことの効果

Part 2では、ママの子育てを行う環境を安心・安全なものにするための土台づくりをテーマにします。Part1で読み進めてきた「今も浮遊し続ける過去のつらかった体験や出来事」と「“負”の影響が与えられてきた関係性」を振り返り、「きちんと過去のものにする」、「自分らしく生きられるものにする」ことを行います。そのため、閉じ込められてきたトラウマの記憶やその相手との関係性の内容と、それに付随する感情に光を当てていきます。

書くことは表現すること。
書くことは外に出す行い。

外に出さないでいると
いつまでも浮遊して
何度も再確認しようと
嫌な感情が繰り返し蘇える。

浮遊した感情は
家の中を漂って
家の中が波立つ。

だから
自分の心と誠実に向き合って
正直な気持ちを書こう。

なるほど知識メモ

『子どもの能力』

子どもはまだ知らないこと、できないことだらけ。親は経験を積んで何でもできる、教えてあげる。だから、親は上。

そんなふうに上下の関係を作ってしまいがちではないでしょうか？

実のところ、親子に上下はありません。

子どもができないことや知らないこと、わからないことは何でも親が教えてあげなければならない、それが親の務めと思うことは間違いとは言えません。ところが、子どもは親が思っている以上に、場合によっては親以上にわかっていることがあり驚かされます。

子どもはどんなに小さくても、事によっては小さければ小さいほど、親以上に、大切な何かをキャッチしています。

ただ、幼さゆえに、それらを表現する言葉や手段を子どもは持っていないことが多い、というだけなのです。

ですから、何かを決めようとする時や、子どもさんの気持ちと向き合おうとする時なども、紙にいくつかの選択肢を書いて選んでもらうと、子どもさんの存在が尊重されるだけでなく、「意外」に思うような価値のある選択をしてくれることがあります。大事なことに気づかされたり教えられたりすることもあるのです。

●『書く』ことで整理する

『書く』ことで、さまざまなことが整理されていきます。

「何だかわからないけれどモヤモヤする」「胸やお腹あたりが不快な感じ」「イライラする」「ムカつく」「悔しい」「納得できない」「寂しい」「怖い」「悲しい」「甘えたい」などの感情・心の状態とその内容、このほかにも、気になったこと、考えたことなどを『書く』ことで、自分と向き合うことができます。何に書くか、いつ書くか、日記なのかメモなのか、それは自由です。ただ、できるだけ一日に一回は、静かにその作業ができる時間を持つことが理想的です。

自分と向き合うことで、長い間閉じ込められてきた心の蓋が開かれると、不安や緊張、恐怖心が起こって苦痛に感じられることがあります。さらにそれらの感情の種となった体験や関係性を、不快なものとして認識していく時、怒りや悲しみが溢れ出すこともあります。

自分を救い、本来の自分らしい自分へと回復させるための取り組みは、できる限りご家族や日常生活に支障が出ないよう、心と身体の調子を感じながら、一人でリラックスできる空間の中で、短時間（15分～30分ぐらい）から始めるようにしましょう。

それでも感情が溢れ出ることがあるものです。子どもさんやご主人に、自分の過去や心と向き合う取り組みを行うため、感情の溢れや波立ちが起こる場合があるということを、あらかじめ伝えておくようにしましょう。

●『書く』ことで見えてくるもの

機能不全家族に育ったACの人たちには、『本来の自己（インナーチャイルド）』のほかに、『理想自己（偽りの自己）』が存在します。『理想自己』とは、その環境に適応していくために創り出した、親や身の周りの大人（世間様）にとって都合の良い子（良い人）である理想的な自分のことです。そして、その『理想自己』を脅かすものから『理想自己』を死守するために創り出した、防衛隊のような『防衛自己（理想自己とは別個に存在する〝偽りの自己〟）』を存在させています。

私たちが日常の中で感じること、考えることは、一体どの『自己』によるものなのでしょうか。そして、一体どれくらい『本来の自己』の感情や気持ち、考えを拾えているでしょうか。

自己主張や自己表現がうまくできてこなかったからといって、本当の自分の気持ちがわからないまま、これからも本当の自分の気持ちを偽って生きていては、本来の自分の姿を

何かモヤモヤする

↓

怒り？

↓

どうして？

↓

関わった人や出来事…

“さっき会ったママ友？”

↓

◎引っかかること…

「自慢話」

「聞いてもいないのに子育てアドバイス。

押しつけに感じられて嫌な気分」

「優越して上から目線？」

↓

「まるで親や姉みたい」

「上に立たれるのはもうイヤ」

↓

じゃあ、どうすればいい…？

取り戻すことも、自分の人生を自分らしく生きていくこともできません。本当の自分の気持ちを拾うために、例えば、右のようなことを書き出してみます。

この例では、怒りがあることに気づき、その原因となった出来事や本当の気持ちを自覚することができています。

そうして、相手の持つ常識や信念・信条と、自分が真実だと思う信念にどのようなギャップがあるのかを確認したり、自己主張するならどう言えば自分が納得できるかなどについて考えます。さらに、自分の気持ちや考え、ニーズを相手にどう伝えるか、その内容について考察し、いざという時の対応を準備できれば、モヤモヤで起こる家庭内のトラブルは減らしていくことができるようになるでしょう。

なお、慣れていない間は、原因や本当の気持ちの自覚にまで至らなくても無理はありません。しかし、人との関わりや出来事、感じたこと、考えたことを書き出しながら自問自答していくと、次第に「どういう感情があるのか」「何によってその感情が湧いたか」などが見えるようになってきます。それがわかるだけでも少しは整理され、気持ちが切り替わったり、頭や心の動きがスムーズさを取り戻すことを実感できたりします。

●『書く』ことの延長にある『手紙書き』～葉子さんの場合

〔葉子〕「この一週間、書くことを続けていたら、両親や姉妹、それに伯母、それだけではなくて、夫の家族や夫に対するいろいろな記憶や感情が溢れ出して、怒りで動悸がしたり、寝る時に無性に悲しくて泣いたりしていたんです。でもこれが本当に本物の自分の感情なのかとか、正しいのかとか、本当は誰に対するものなのかわからないとか、混乱しています」

葛藤や混乱が起こるのは、本当の自分が動き始めているからです。ですから、どんな気持ちでも、湧いてきたものは否定せず、「あぁ、こんな気持ちもあったのか」と認めてあげることを続けてみて下さい。出すことが許されず、閉じ込められていた感情は、しっかりと拾い上げて、光を当てていってあげることが大切です。今までは、そのような未消化の感情が、消化されることを求めて、まるで確認するかのように、無意識のうちに子育てや対人関係の中で感情に働きかける、つまり、「感情の追体験」を繰り返してきたはずです。

〔葉子〕「あ、本当にそうです。その追体験の繰り返しという現象が今まで起こっていたのだな、ということを、今回すごく実感しました」

例えばどういうことですか?

〔葉子〕「えっと、やはり相手は夫になるのですが、夫からの拒絶的・否定的な態度や気配を感じた時に、どうしようもなく怒りが湧いて許せなくなるのを繰り返していて、でもそれは、本当は親が私を否定・拒絶してきたことが、私はどうしても許せなかった。それが夫との間で再現されているのだと…。ただ、そうは考えても、目の前の夫に対して湧いてしまった感情が治まるわけではないので、どうしたらいいのかわかりませんでした」

そのような時、心は何と叫んでいますか?

〔葉子〕「え? それは夫に対してですか?」

では、あえて親御さんにしましょうか。

〔葉子〕「えっとー…、今頭に浮かんでくるのは、『どうして私の気持ちを大事にしてくれないの? 大事にしないいなら何で私を作ったのよ! 私を産んでほしいとお願いしたわけじゃないのに! そんな態度やそんな言葉、そんな目を私に向けるなんて、ひどい。許せない。絶対に許さない!』ってそんなふうに叫んでいる気がします。いえ、口にしたらはっきりわかりました。私、大声でそう言いたかったんです。ずっと…」

ひとつ、自分の本当の声に出会えましたね！　そういったものに光を当てていく作業として、次に取り組んでいくのが『手紙書き』です。

●『手紙書き』は何のために？

この『手紙書き』は、手紙を書く相手に出すためのものではありません。『手紙書き』を通して、自分の心の中の深いところに眠っている感情にまずは気づくことが大切なのであり、「相手へ復讐すること」「相手に謝罪させること」「相手を変えようとすること」が目的ではないということを強調しておきます。

『手紙書き』の重要な目的のうちのひとつは、気づかないところで『恐怖』を抱いていた〝相手〟に対して『手紙を書く』という行いによって、自分の中にある相手に対する『恐怖』の存在を認知することです。

これは、前章の『恐怖と向き合う』で詳しく見てきたように、『恐怖』の存在に気づかない間は、『恐怖』の種となった親や身内との関係性が、他人との間でも、繰り返し繰り返し再現されるためです。また、『恐怖』の存在は〝負〟の感情を閉じ込めさせてしまいやすく、それによって苦しみを抱えたり、子育てや家庭内に影響が及ぼされるため、そのパターンをなくしていく意味でも、その存在を知ることが必要なのです。

2つ目は、手紙を書くに当たって行う作業を通して、AC・PTSD・虐待などに関する知識を身につけ成熟していく今の自分が、自分を守る術《すべ》を持たなかった子ども時代の自分と親（身内）との関係を、客観的に見つめ直すことです。ほかにもこのあとの章で、インナーペアレントやインナーファミリー（第10章参照）といったものについてもお話ししていきます。それらの知識を得ることで、より深く情況を見ることができると思います。

●恐怖の正体をつかむ作業

『手紙書き』の目的のひとつ目の、『恐怖』の存在を知ることがなぜ必要かということについて、その『恐怖』を乗り越えるには、という視点でもう少し詳しくお話ししたいと思います。

相手に対する『恐怖』を乗り越えるという意味では、その『恐怖』の正体を掴むことがポイントです。その『恐怖』の正体が何なのかわからないから、相手が強大に見えていた。つまり、幻の姿を見ていたに過ぎないというのが現実なのです。幽霊やお化けの正体がわからないから怖いのと同じです。目の前の相手に対する『恐怖』は何かに対する「感情の追体験」であるわけですから、その何か、が何なのかを見つけていくわけです。

そこで、トラウマを負うことになった相手やその背景にあるものの中で、何によって『恐怖心』を抱くこととなったのか、その『恐怖』の正体を掴む作業に重点を置きます。

第7章の『恐怖と向き合う』を読み進めて向き合った内容から、その正体を把握しておきましょう。

自分がトラウマを負うことになった相手やその相手に影響を及ぼしていた一族・家系の歴史や背景まで捉えることができていけば、子どもの頃から強大な存在として見えていた相手がだんだん小さくなっていく、恐怖心が徐々に弱まっていく過程を実感されると思います。

●『手紙書き』の下準備

『手紙書き』の準備段階として、まず子どもの頃の自分に戻り、してもらいたかったこと、言いたかったこと、などの純粋に抱いていた欲求（ニーズ）や感情について、細かに拾って（書き出して）いきます。

そして、今まで見ないように感じないように封印してきた、相手に対する怒りなどの感情を吐き出すことで気持ちの整理ができるように、自分の中にある怒りを出し尽くすようにします。これは手紙として完成させるものではなく、あくまでも準備段階です。

この段階では、言葉も表現も思うまま自由なもので構いません。

いざ取り組んでいるうちに、さらに感情が溢れ出して、あれもこれもと収拾がつかなくなって四苦八苦することがあるかもしれません。その時はいったんひと休みして、ご自身を労わってあげてください。長い間無いものとして封印してきた記憶や感情と向き合うのですから、それは必然のことと言えます。

また怒りだけでなく、心の奥深くに潜む喪失体験（例えば、本来与えられるべきものが与えられなかった↓安心感・愛情・子どもらしい子ども時代など。トラウマとなった体験により失ったもの↓自尊心・信頼・愛着物など）に触れることもあります。「必要なものや、どうしても欲しかったものが、実は与えられていなかった」とか、「期待してもその相手からはもう得られないのだ」とか、「愛情と思っていたものが、実は『条件つきの愛』というコントロール（支配）だった」、などの『喪失』を実際に認めていくと、悲しみが溢れ出してくるのです。そうしているうちに、「どうしても欲しい、いつかは得られるのではないか」という幻想にしがみついている自分にも気がつくことがあります。

このような『悲しみ』についても、回想しながら拾い上げることが大切です。悲しみが溢れ出してきた時や、その悲しみを解放したい気分の時は、悲しみに浸る時間を確保しましょう。なおこの場合、現実の日常生活に影響の無いよう、区別をはっきりつけることが大切です。15分～30分程度と時間を決め、子どもさんに不安を与えないよう配慮したうえで行いましょう。

●『手紙書き』の進め方

生い立ちの中で取り残してきた気持ちやニーズなどと向き合って準備が整ったら、実際に手紙を書いてみましょう。

書き方は基本的に自由ですが、無力で抵抗不能だった子ども時代の自分の心の傷を癒し、力を取り戻させてあげること。そして、負わされてきた心の傷や責任をお返しして、自分からしっかりと切り離してあげることを意識して進めます。

まずは、自分の心に正直に、そして誠実に、次のそれぞれの項目と向き合い、丁寧に書き出してみましょう。

書き出す内容

①「これまでや現在の苦しみ・問題には、どのようなものがあるか」
②「その原因となった出来事・トラウマ体験や、親・身内との関係性とは、どのようなものか」（巻末のセラピー・メモ①『苦しみの種を確認する』参照）
③「その出来事・トラウマ体験や、親・身内（手紙を書く相手）には、どのような気持ちや感情があるか」
④「負わされた役割や義務には、どのようなものがあるか」
⑤「負わされた役割や義務の責任は、誰によって、どのように果たされるべきものであったか」
⑥「④について、今後どうしていくか」
⑦「これらのことや相手に対し、無力で何も言えなかった幼い自分に代わって、今の自分が代わりに言うことで守ってあげられる言葉があるとしたら、それは何か」
⑧「子ども時代に取り込まれたもので、今の自分や子育てにマイナスに働いている信念・信条には、どのようなものがあるか」（第10章『マイナスをプラスへ』参照）
⑨「②、④、⑧が、自分の人生にどのような影響を与えたか」（巻末のセラピー・メモ②

（『過去と現在のつながりを確認する』参照）

⑩「現在、相手に望むことの有無。あるとしたら、それは何か」

これらの項目に沿って、手紙に盛り込む内容を書き出せたら、それをもとに手紙にしたためます。

なお、ここでは特に影響が大きい親・身内に対する『手紙書き』を中心に進め方を紹介していますが、それだけでなく、自分に『恐怖』を与えたと思われる相手、例えば先生や上司、友人なども必要と思われれば取り組んでみましょう。

手紙は出すためのものではありませんが、相手にきちんと読んでもらうつもりになって、完成させるようにしましょう。傷ついた子どものままだった自分（インナーチャイルド）に力が与えられるだけでなく、自分の心と誠実に向き合って文章化した気持ちや訴え・独自の考えに基づく信念は、いざ自己表現・自己主張が必要な場面で活かされるものです。そのような体験が重なると、自信が身についていくことを実感されることと思います。

また、一度だけでなく、数ヵ月後に再度、さらに数ヵ月後に再々度と、数回取り組むことで、手紙の内容とともに、心を成熟させていくことができます。

●子育て中のママが書いた「母親への手紙」

とあるママ（40歳）が実際に書かれた手紙です。『手紙書き』をされる場合の参考にしてみてください（ご本人の許可を得ています）。

手紙サンプル

母へ
改めて、母親であるあなたへ伝えなければならないことがあります。

長い間、私が抱えてきた苦しみや生きづらさ、ことあるごとにまとわりつく罪悪感は、ただ自分が未熟だからなのだ、としか考えていませんでした。

しかし、それらが実は、〝あなたがた親に起因している〟、そのような概念と出会い、私に変化が起こったのです。現在の私の気持ちや考えを言葉にして、この手紙に記すことにします。

私はいつからあなたに気持ちを伝えなくなったのでしょう。それが何よりもいけなかった。良いことだったら、あなたが喜ぶことだったら伝えられた。しかし、あなたが悲しむこと、困ること、そしてムッとするような、あなたにとって都合の悪いことは伝えられない。それが何よりも良くなかった。

「お母さん、私は痛くて泣いているのに、悔しくて泣いているのに、悲しくて泣いているのに、大丈夫 大丈夫、それくらいのことで泣かないの、と言わないで!」

「お母さん、いつお母さんが怒り出すか、私、怖くてビクビクしているよ。お願いだから優しくして! 優しく笑って!」

「お母さん、もっと私のことを見て! かまって! 粗末にしないで!」

幼い私には、このような本当の気持ちや願いを言葉にする力がなかったのです。あなたの反応によって傷つくのが怖かったのだとも感じています。あなたの圧力や心ない反応に対し、幼かった私はあまりにも無力でした。幼く無力であなたに気持ちを受け止めてもらう術を持たなかった私の心は、いとも簡単に裏切られ、傷ついたのです。そしてそのことがトラウマとなって、これまで私の人生を支配してきました。

人に甘えることができない。人を信じることができない。我慢ばかりを選んでしまう。自分さえ我慢すれば良いと自分を犠牲にしてしまう。人にどう思われるか、嫌われるのではないか、顔色が気になって自分らしく生きられない…。あなたから負わされた心の傷がもたらした私の苦しみは、これらのようなことの中にあるのです。

あなたは、このことについて、「何もかも親のせいにしないで」と言うかもしれませんが、無力だった子ども時代の私に、悪気は無くとも心に傷を負わせた事実、そのトラウマが現在まで悪影響を及ぼし続けているという事実をあなたは受け止める責任があります。私はこれまでそれらのすべてを自分のせいだと思ってしまって生きてきました。でも、私が負わされた苦しみの責任は、あなたにすべてお返しすることで、私本来の自分らしさ、自分の人生を生き直せるのです。

私が、カウンセリングや本を用いて解決に取り組んだのは、アダルト・チルドレンの問題です。

アダルト・チルドレンとは、子どもの頃に親との関係の中で受けた悪影響の結果、成長してもなお精神的影響を受け続ける人々を指したもので、ほかにも以下のような特徴があります。

・対人関係が苦手、情緒が安定しない、何かに縛られて息苦しいなどといった生きづらさについて、「自分のせい」「自分が悪い」「ダメな人間だ」と自責的であるが、実はその生きづらさは、親との関係に起因したものである。
・幼少期から、寂しさ・悲しみ・怒りなどの負の感情を受け止めてもらえず、我慢を強いられてきたため、自分の本当の気持ちを感じ取ることができなくなっている。
・親（大人）の考えや価値観を取り入れながら育ったことで、子どもの頃から大人化されていて、親や大人側のみに立ったものの見方しかできなくなって子ども側の気持ちがわかってあげられない。

アダルト・チルドレンから回復するためのカウンセリングの中で明らかになった問題で、最も重大だったのは、知らず知らずのうちに溜め込まれていたあなたがた親への怒りやあなたがたとの間で満たされなかった要求（欲求）が、夫や子どもに向けられていたという事実でした。対人関係で引き起こされる感情自体、あなたがた親に起因したもので、それが置き換わって、呼び起こされることで心が簡単に波立ち、不安を起こし、イライラや怒りを誰よりも大切なはずの、自分が作った家族に向けてしまうのです。

あなたが私に向けた怒りは、本当はあなたの親に向けるべきものだったのではないでしょうか？

以前私があなたの幼少期について尋ねた時、あなたは親は厳しかったけど、親は親なりに色々大変だったと思う、感謝している、と言っていました。しかし、私には、幼かったあなたの悔しさ・寂しさ・悲しみ・怒りが、未解決のまま放置されているのがわかるのです。

私が抱えてきたアダルト・チルドレンの問題は、私だけの問題ではなく、あなたのルーツによってあなたに受け継がれた、あなた自身の問題でもあるのです。

私がこうしてあなたに伝えようとしていることの意味を理解し、その事実と向き合うには、あなたに受け継がれたアダルト・チルドレンの問題を切り離すことはできないでしょう。そして、あなたが、あなたの心の中に置き去りにしたままの傷ついたあなた自身と向き合い、私の痛み苦しみを、自分のものとして感じ取ることで過ちが精算されない限り、私とあなたとの関係性が変わることはないのだと思います。


いずれにしても過去は変えられません。未来のためにできることは、親から子へと受け継がれてきた『誤った信念』（親や上に立つ人の都合となった）や、苦しみの種を育ててしまう『負の連鎖』が、自分のルーツ（家系）にあることを直視し、しっかりと断ち切ることです。

私は、自分の作った大切な家族に対し、毒にならない妻であり母親であるために、あなたや、そのルーツから受け継いだ『負の連鎖』を断ち切ります。

＊なお、本書で紹介した『手紙書き』は、あくまでもご自身のための作業としてのみ行うことを前提としたものです。実際に相手宛てに出すためのものではありません。実際に手紙を出すことによって、思わぬ結果やトラブルに発展することが懸念されるためです。

●ありのままの事実と向き合う

この手紙は、「自分はこんなふうに感じていたんだ」というありのままの事実と向き合い、幼い自分が感じていたことには、正解も間違いもなかったという考えに至って書かれたものです。

親や身の周りの大人から刷り込まれたことで身についた義務感や期待に応えられないことの罪悪感、〝当たり前という名の常識〟が、自分をどれほど圧し、自由を束縛してきたのか。その現実を客観的に見つめ、認識を深めていくことで、自分の本当の声が聞こえ始めました。それによって、力を失いかけていた、傷ついた子どものままだった自分（インナーチャイルド）が成熟した大人へと成長を始めたのです。

この手紙は、そうして取り戻されてきた〝本来の自分〟が、傷ついたまま取り残されている子ども時代の無力な自分に代わって正面から相手に意見を伝えるような立ち位置で書かれた手紙です。

このように、無力で自分を守る術《すべ》を持ち得なかった子ども時代の自分を守ってあげるには、親から独立し成熟した大人としての客観的な見方・投げかけが重要なカギとなるのです。

『手紙書き』を通して、これまで心の苦しみを作り出していた、『恐怖』の種が、過去のどのような状況で誰によって植えつけられたものであったか、「子ども時代に負わされたトラウマや、それに付随する『怒り』『恐れ』『悲しみ』『罪悪感』『自責感』などの感情の責任は、子どもの時の自分には無かった、自分は悪くなかった」などの理解が深められることで、対人関係で起こる相手への「反応」が『過去の再現』であることに気がつくようになります。そして、感情的に呑み込まれていた自分を卒業し、大人としての〝対応力〟を身につけていくことで、相手の心・顔色・圧力などに対する恐怖が軽減されていきます。

●「反応」ではなく〝対応〟ができるようになる

手紙書きによって、獲得するチャンスを奪われてきた自己主張力が養われれば、親や身内との対話に限らず、対人関係全般が次第に楽なもの、建設的なものに変化していくということについてはご理解頂けたのではないかと思います。

「反応」を〝対応〟に変化させられれば、現在の〝負〟のパターンは改善できるということです。

もちろん、はじめは自己主張することで、嫌がられたり、かわいくない、生意気だ、我儘な人、子どもみたいな人、面倒くさい人、などと思われたり、切り捨てられたりするのではないか、ということに恐れが働き、うまく対応できないこともあるかもしれませんが、そこは挑戦です。それでももし、例えばトラウマを与えた相手を前にするだけで恐怖心が喚起され、動悸がする・固まる・震えるなど、敏感に反応してしまうといった方の場合はPTSDの影響を明確にすることが必要です。そのうえで、〝対応力〟を身につけ、『恐怖』という「反応」によって後戻りしない自分に育てることが重要なのです。

●『書く』ことは適切な〝対応力〟につながる

カウンセリングでは、ロール・プレイ（巻末のセラピー・メモ③参照）といって、実際の対人関係を想定した対話を行いながら、適切な〝対応力〟を身につけていきます。繰り返しになりますが、『書く』ことは、その対応力の土台・引き出しを作ることにつながります。対人関係で、〝負〟の感情が湧いた時など、自分の気持ちやニーズを表現する内容を手紙にするだけでも、少なからず自己主張力は身についていくものです。なお、この手紙も相手に渡す必要はありませんが、実際に相手に読んでもらうことをイメージして、誠実に文章にすることが大切です。

Part 2
『安心・安全な子育てのために』

第9章

安心・安全な環境

『ママ、怒らないで。』このメッセージに込められた願いは、子どもだった頃のママ自身のものでもありました。そこで本書では、幼く無力で、言葉にできなかった当時の自分と出会い直し、生い立ちの中にあった心の傷やさまざまな気持ちと向き合い、背負う必要のない責任や罪悪感を自分から切り離す、という流れでママ自身の心のケアを行ってきました。

この章では、ママとして、子どもさんの『ママ、怒らないで。』という願いに心を傾け、現在、そしてこれからの未来のために欠かせない、『安心・安全な環境』という土台について考えてみましょう。

みんなの前で泣いてしまい、
小さな挫折に心をしぼませた子どもを
前に、どういう言葉をかけようか…

「ママもね、小さい時、
みんなの前で泣いたら恥ずかしいって
思って我慢してた。
でもそれでは心が詰まってしまう。
さっきみたいな時、
あんなふうにワーンって泣けるのは、
本当はすごいことなんだよ。
泣いても大丈夫だからね。
泣いた方が正解だよ」

なるほど知識メモ

『子どもに自信と勇気が育つ環境』

自由な表現が許される開放的な家庭環境が築かれていくと、外の世界（社会）において、家庭とのギャップに戸惑うことが出てきます。子どもにとっては、家庭で尊重されている自分のペースや欲求は、外の世界では「わがまま」と判断されやすく、社会の規律・秩序に合わせることを求められがちだからです。

幼いながらも理性が芽生えてきた子どもにとっては、「まわりのみんなはいつもニコニコしているのに、何で私は大きな声で泣いちゃうのかなぁ」などと小さな挫折を感じ、心をしぼませることがあります。ママの方も、大きな声で泣かれると、どうしてもまわりの目や空気が気になります。ママ自身も子どもの時、「ほら、みんな見てるよ、恥ずかしいよ」などと言われたりして、何となく「恥ずかしいから」「迷惑だから」「みっともないから」泣かない、といったような感情処理になっているかもしれません。

子どもの頃は悲しいこと、痛いこと、嫌なこと、怖いことなどにさらされた時に、自分の心に正直に反応して泣いたり怒ったりできた方が、適切な感情の処理の仕方や、独自の感情表現の仕方を自分で身につけて将来社会に向けてたくましく羽ばたいていくことができるのです。

誰よりも、ママやパパに受け止めてもらい、肯定される体験は、自分の気持ちをちゃんとわかってもらえるという安心を得られ、自信と勇気が育つのです。

●安心・安全な環境に身を置くことの大切さ
安心・安全な環境がなぜ必要か

カウンセリングの場で、子どもさん、またはママ自身に症状や問題が表れている時、私は、『お母さん（ママ）の置かれている環境が安心・安全なものにならなければ、お母さんとお子さんの精神（心）に治ろうとする働きが起こらないのです』という説明をしています。

症状や問題が表れている方にとっては、それほど『安心・安全な環境』が重要だということですが、そうでない方にとっても、子育てにおいてはやはり、『安心・安全な環境』は重要です。

『安心・安全な環境』とはつまり、機能不全家族的な押しつけがなく、自分や自分が作った家族の意志や個性、正直な気持ちを最優先に尊重できる環境のことです。

皆さんは現在、安心・安全な環境に身を置いていると感じられますか？

●ママの〝負〟の感情を一身に受けてしまう子ども

『実家』『嫁ぎ先』『社会（職場や地域、子どもさんの学校・保護者会など）』『ママ友などの対人関係』『ご主人』との関係・環境は、それぞれいかがでしょうか。

これらはママにとって特に影響が大きく、この5つの環境（関係）が安心・安全でない場合、『怒ってしまう』というパターンや、〝負〟の感情がもたらす子どもさんへの影響に歯止めをかけることが困難です。

この本の中で何度もお伝えしてきたように、怒りや不満などの〝負〟の感情を、見ないように感じないように心の中に押し込んだ場合、行き場を無くした〝負〟の感情は、子どもさんへの干渉や叱責という形で子どもさんに向けられやすいためです。一番に影響を被る相手のほとんどが子どもさんなのです。

では、前述の5つの環境はなぜママにとって影響が大きいのでしょうか。

その理由は、『回避』が困難であるためです。そして、『回避』が困難である理由は、〝縛り〟があるからです。

〝縛り〟があると、「参加しない」、「相手や周囲の考えや期待に沿った言動を取らない」、といった選択をした場合、罪悪感にさいなまれるため、従わざるを得なくなります。

「だからといってどうしようもない」と、『回避』という選択肢を持たないことで〝負〟

の感情にフィルターをかけている方は多く、それらの〝負〟の感情を、まるで無かったこととして切り離したとしても、前述の状態に留まらず、子どもさんの症状や問題として表出することもあるのです。

●嫁ぎ先の環境は？

中でも難しいと思われるのは、女性にとって避けて通れない環境にある嫁ぎ先です。

一見仲の良い家族に見えても、実際のところはその中身が、〝縛り合うような関係〟になっているという家庭の場合は問題がよりわかりにくく、息苦しく感じながらも、懸命に適応して〝負〟の感情を蓄積させているママも少なくありません。

〝縛り合うような関係〟とは、次のようなものです。

・「相手に尽くすこと、相手を喜ばせる・慰めること、相手から褒められる・必要とされること」など、相手の期待や要求に応えることで自分の存在価値を得ようとする。そうすることで自分を保っているような関係である。

・「長男（長女）、家長、後継ぎ、嫁、兄（姉）、息子（娘）」として…などの、それぞれが果たすべき役割や義務がある。嫁ぎ先の価値観や規律・しきたり・家風に合わせることが当たり前で、自由意志による行動や振る舞いを取ることはタブーといった空気がある。

さらに、その役割や義務を果たさなかったり、嫁ぎ先の家の価値観や親の理想から外れたりするようなことをすれば、恐怖心や罪悪感を覚える。自分たち夫婦のために生きようとすると嫁ぎ先の親や身内の恩を裏切るような気持ちになる。

これらによって多くの〝お嫁さん〟が、「役割」と「過剰な義務感」、そしてそれを遂行しなかったことでつきまとってくる『罪悪感』によって支配されている状態にある、とも言えます。

子どもさんやママ自身に症状や問題が出ている場合は特に、嫁ぎ先との関係が「上下の関係」にあり、対等性・平等性が存在せず、自己表現・自己主張・感情の表出ができにくい環境であることが原因に含まれていることがほとんどと言っても過言ではありません。

●対等性のない関係は心を詰まらせる

いずれにしても、上下のある不平等で対等性のない関係においては、関われば心が詰まり、〝負〟の感情が子どもさんにまで波及してしまいます。

ですから夫婦がともに、嫁ぎ先、または両家のそれぞれの親や身内の価値観や思惑・ペースに左右されない自立した自分を育てながら、親や身内の価値観や規律・秩序・役割・義務に縛られることなく、自分たちの新しい家族の中で吟味した価値観や秩序・ペースなどを最優先に尊重してあげられることが何より大切なのです。

ここで、畳みかけてくる問題を通して、概念になかったことに気づかれ、解決に取り組まれたNさんというママの例を紹介いたします。

人前での過度な緊張と育児不安、それに伴う自己嫌悪や落ち込みを抱えて相談にこられたNさんは、いつも家の中ではイライラして、たびたび子どもさんやご主人に対してキレてしまうというママでした。嫌な自分を脱ぎ捨てて未来に希望を持てるようになるためにと取り組んでいたNさんは、キレて爆発することがなくなっていきました。

ところがある時期に、Nさん一家で、1ヵ月以上不穏な空気になる日々が繰り返されていました。それまでのカウンセリングの中で、感情の詰まりを起こしやすい相手やそのタイプ、パターンが明確になり、対人関係で良い人になりきってしまわずに言うべきことを言う、といったロール・プレイを中心としたトレーニングに取り組んできたNさんでしたが、相談にこられた時は、畳みかけてくる困った問題に追い込まれていました。

問題というのは子どもさんの、同じことを繰り返す行為、落ち着きのなさ、かんしゃく、じんましんといったもの、ほかにも思わず怒ってしまうなど、心が波立たせられる現象が次から次に出てくるのです。Nさんは、これらの問題が自分の詰まりによるものではないかと、その関連性を切り離さず、何によって？　誰とのことで詰まっているの？　と考えますが、答えは出したと思っても、どうしても問題が続きます。

そこでカウンセリングの中で、誰とどのような関わり方をしたかについて整理していった結果、さかのぼって1ヵ月以上前に電話があった義理のお母さんにたどり着きました。Nさんは、義理のお母さんに対しても、良いお嫁さんはやめて言うべきことは言葉にして表現するよう努めていて、この時もそれを心掛けて向き合ったので何も残っていないと思っていました。しかし実際は、Nさんが自分の考えや意見を出すと、お義母さんは、都合の悪いことは聞きたくないという姿勢や圧力で言わせないようにしてこられる、また内容によっては、落ち込んだり、傷ついたような態度を見せられる、というところにNさんの不満や怒り、そして罪悪感といった〝負〟の感情が湧いていたのです。

相手の不誠実さに対して怒りが湧くのは自然なことなのですが、いつの間にかＮさんは、「言うべきことは言ったからもうおしまい」と〝負〟の感情を無かったことのように切り離してしまいました。つまり、自分の心に対し不誠実になってしまったことで心の中に詰まった感情が、まるで『停滞』『波立ち』『溢れ』（そのほかに『拒否反応』）を示すような子どもさんの行動や症状となって映し出されていたのです。

●新しい概念・気づき・選択肢を取り入れる

改めて洞察していくと、Ｎさんの、自分が何とか頑張ればお義母さんが変わるのではないかという期待が、「相手に認められたいという欲求」と、「自分の思いを通して認めさせたいという欲求」を生じさせたこと、その葛藤が心を詰まらせた原因のひとつだったということもわかりました。そのため『いざという時は回避してもいい』といった選択肢があるという概念を新しく取り入れることで、次回関わる時に向けた準備が整い心にゆとりが生まれ、子どもさんの症状や問題も治まっていったのでした。

義母との関係には、主に実母との母娘関係の再現が起こりやすく、実母から満たされていない承認欲求と、実母に対する怖れや怒りなどの、消化されていない〝負〟の感情が、義母にも向かいます。

心の奥底に潜んでいるそれらの感情と欲求が、実母と置き換わるような人を引き寄せ、同じような関係性やそれに伴う苦しみが再現され繰り返されるからです。

Nさんは、それまで自分の中にこの『回避してもいい』、『嫁ぎ先の嫁としての、または生まれ育った家の娘としての〝あるべき像〟や〝過剰な義務感〟を手放す）』という概念がなかったことや、子どもの頃から上下の関係の強い環境の中で身についた「目上の人（親）に逆らってはいけない」、「怒ったら人（親）に嫌われる」、「人（親）から認められなければ自分の価値がなくなる」、「相手（親）の期待に応えられなければ、罪悪感に襲われる」という考え（信念・信条）が、想像以上に自分自身を苦しめていたことに気がつきました。そのうえで、今まで自分にとってマイナスに働いていた考えや価値観を「自分にとって楽になる考え方」や「自分らしく生きるためになる考え方」に換える作業を行っていった結果、エネルギーは「自己の解放」へと向きを変え、自分の中の深いところから湧いてきた考えに従って自己表現できたという体験が増えていきました。そうして次第に、Nさんご自身の症状も軽減していきました。

Nさんの、『回避してもいい』という選択肢に対する気づきが、心の回復や状況の改善に大きく影響したように、必要な対策を施しても、ママの安全が確保できない場合はやむを得ずその関係・環境を回避するなど、最善の選択をして、『自分の心に正直に、誠実に生きていける関係・環境に身を置く』ことが求められるのです。

●安心・安全に欠かせない『夫婦の適切なコミュニケーション』

次に、『回避』が困難な5つの関係・環境の中でもうひとつ、『夫婦』について見ていきたいと思います。『夫婦』の関係というのは特別で、最善の選択が『回避』となるケースはよほどの場合です。それ以上に、機能不全を改善した本当の家族になれるよう、お互いの努力が欠かせません。

しかし、お互いに正直に誠実に、相手の気持ちに配慮した適切なコミュニケーションが取れているご夫婦は、想像以上に少ないものです。そこにはお互いの、生い立ちの中でのトラウマやインナーファミリー（第10章参照）による信念・信条、そして価値観などが影響し、年数とともに夫婦問題の種が膨らんでいくのです。

特にママたちの、夫の実家である嫁ぎ先との関係において、「夫が向き合ってくれなかった」「親を優先して私の存在や気持ちをないがしろにした」「味方をしてくれなかった」といった不満が募った場合のヒビは深刻で、ヒビは亀裂に、不満は恨みにと、深刻さを増していくため、対処が必要です。

ほかにも、伴侶に対して「反応が怖くて向き合えない」「つい遠慮してしまう」「当てにしていない」「あきらめている」など、夫婦間のコミュニケーションに障害があれば、家庭外のことに対処しても、家庭内で心を詰まらせることになります。そして、それは当然、子どもさんが育つ環境にも悪影響が及ぼされてしまいます。

そこで、夫婦関係を客観的に見直し、正直に、誠実に向き合える関係、両家の身内やそのほかの人・物事に左右されない、温かい心のつながり・交流がある関係を築いていって頂きたいのですが、そこには大きな『壁』が立ちはだかるということを、セラピストとして常日頃から痛感しています。その壁とは、男女という無意識に取り込んできた差別観のことです。そのために、多くのママがジレンマを抱えながら、相手に対する失望やあきらめを生じさせているという現実があります。

この男女の差別観は、立場的に男性の方が優位となる類のものが多いことから、ママ側の主張に耳を傾けて本気で変わろうとするパパはめずらしく、たとえ努力する姿は見せても、「何か違う」「わかってない」という不全感・不毛感をママたちは抱くのです。

男女の差別観とはどのようなものかというと、シンプルに表現すれば、男が上、女が下、仕事で収入を得て家族を〝経済的に〟支える夫が優先されて、家事や育児でヘトヘトになりながら家庭を支える妻は、どんなに自分を犠牲にして頑張っても、やって当たり前、といったものです。もちろんすべての夫婦が当てはまるというわけではありませんが、夫の方も妻の方も、その差別観や価値観で生きていることに気がつかないでいることが多いのです。

夫婦共働きであっても、昔から刷り込まれてきた、男女の立場や役割意識はしぶとく、共働きの夫婦の場合でも、家事の割合は妻が8割というアンケート結果もあるようです。夫は妻が、家事や育児、お姑さんとの関係など、肉体的に、精神的に、どれほどの負担を負っているか、その価値や大変さについて中々理解できません。

治療者側の立場から見ても、職場での人間関係よりも、家族内・親族内の人間関係を保っていくことの方が難しいと思われるケースに直面することが多々あります。そしてその役割を任されるのは大抵、奥さんの方。その価値や負担が認められず、存在をないがしろにされてきた妻の不満や恨みといったツケが、熟年になって表に出てくる夫婦は多く、その溝は深刻です。

子どもさんの置かれている環境を安心・安全なものに整え、子どもさんの、本来持って生まれた資質や個性を花開かせる環境の土台づくりを最も重要と捉えるセラピストとして伝えたいのは、ご主人の方は奥さんの存在や家事・育児などの負担に関心を持ってしっかりと見て、その価値に気づいて頂きたいですし、奥さんの方も、当たり前に見える自分の行いのひとつひとつにどれほどの価値があるのかに気づき、認めてあげて頂きたいということです。

●夫婦の絆を育むために必要なこと

夫婦の絆を育むために必要なこと、それは、伴侶が親や身内に置き換わることに気づき、それを解決していくこと、そして、適切な感情表現・意志表示・交渉を行うなどの、コミュニケーション力を育むこと、依存から自立へと移行することです。

湧いた感情、それについて考えたこと・感じたことなどを『書き出す』のも効果的です。手紙書きの要領を参考にしても良いですし、思いつくまま自由にやっても良いですので、まずは『書く』ことで整理したうえで、相手によりわかりやすく必要なことを伝えられる力を身につけることが大切です。

対等で平等な関係が築かれると、同じ高さの目線で風通しの良い会話ができるようになり、夫婦間・家族間に温かい心の交流がもたらされます。そこには、意外と素直に言えない「ありがとう」「ごめんなさい」「お願いします」という基本的なやりとりが欠かせないのですが、中でも「お願いします」という言葉は、この〝対等な関係〟が確保されていないとすっと出てこないのです。そして、相手の立場に立って物事を感じたり考えたりすることができるようになると、相手に対する配慮や気配りも生まれてきます。

主導権争いもコントロールも無く、素直な気持ちで、相手を尊重し、敬意を払って伝える「ありがとう」「ごめんなさい」「お願いします」は、夫婦の絆を育むだけでなく、そのような両親の姿を見て育つ子どもさんの心にも、安心感を与え、自然と同じようなコミュニケーションが取り入れられていきます。

Part 2
『安心・安全な子育てのために』

第10章

マイナスをプラスへ

さて、後半は、手紙書きにはじまり、対人関係で“対応”できる自分を育てることの重要性、安心・安全な環境などについて向き合ってきました。

この章では、現在の、ママとしてのご自身を客観的に見つめ、マイナスに働いている価値観・信念・信条がご自身の中にも取り込まれていないか、確認していきます。

「泣くな、負けるな、強くあれ」
「我慢、辛抱、甘えるな」
「人の役に立ちなさい」
そんな信条が私を縛り、我が子までも
縛ろうとする。

「泣いていい、負けてもいいし、
闘わなくていい」
「強がるよりも、ありのままの自分を
認めてあげることの方がずっと大事」

「我慢や辛抱は何のため?
人の役に立とうとすることで、自分や
家族を犠牲にしなくていい」

そういう言葉に私は換える。

なるほど知識メモ

『インナーペアレント』『インナーファミリー』

親や大人を、無条件に「良い対象」として理想化しやすい幼少期から、年長者側の立場や都合に偏った考えや価値観を刷り込まれながら育って成長した子どもは、大人になった今も、その時の考えに縛られ、自分らしく生きることができません。いわゆる“マインドコントロールされた状態”に陥っているようなものです。これらの考えや価値観は子ども側からすると、生きていくうえで「大切なこと」「正しいこと」「自分にとって役に立つこと」だと理由づけして認識されるのです。

子どもの心の中に入り込んで、親の判断基準で縛り、子どもを支配する親のことは、すでに『インナーペアレント（内なる親）』という言葉で呼ばれています。

なお、『インナーファミリー』とは、実際には親だけに留まらず、身内や一族の影響も大きいという現実を踏まえてあえて私が使っている言葉です。

親の影響はやはり最も大きいです。しかし、親を左右してきたその一族・血縁の存在の影響は大きく、価値観・しきたりは、親からだけでなく、祖父母やおじ・おば、いとこ、兄弟姉妹といった身内・親族から直接刷り込まれたり、プレッシャーを与えられたりしています。それはいまだに『インナーファミリー（内なる一族、または血縁）』としてその人を縛り、支配を続けていることも多いのです。

●自分の価値観を確認してみる

マイナスに働いている価値観をプラスに変換するに当たって、自分の価値観を確認してみましょう。それに当たっては、『インナーペアレント』、『インナーファミリー（前ページ参照）』というものについて理解を深めていきましょう。

『インナーペアレント』とは、〝自分を支配し続ける、自分の中の親〟といったところですが、ただ親と言っても、実際にはこれは〝お母さん〟であることの方が多いです。その、お母さんの侵入を拒否することができず、お母さんからどう思われるかという『恐怖』が大きくなっている場合、『インナーペアレント』に支配されている状態である、と言えるのです。実際はほとんどのママ・パパが、普段から『インナーペアレント』に支配されているのが実情です。

それは、「子ども時代から受けてきた、親の都合や価値観に合わせなければ〝見捨てられるという恐怖〟」に支配された状態にあるというものです。そのため無意識の中で、「母親の立場で考える」「母親と同じ考えにする」など、母親に同一化することによってその恐怖心から自分を守ろうとするのです。

「私はそうはならない」と心掛けていても、母親と関わるだけでお母さんっぽくなってしまったり、『恐怖』で視野が狭くなって、極端に柔軟性を失ってしまうことがあります。つまり、母親と自分との境界が曖昧な状態になるのです。このような状態の時は特に、自分の中に母親と同質のものが存在することになります。問題は、それが良いものなのか、良くないものなのかの区別がわからなくなって、悪影響となるもの（親の価値観・信条・態度・口調）が表に出てきてしまうことです。

●ついつい言ってしまう〝親と同じこと〟

〔葉子〕「気がつけば親と同じことを言っていると思う時があります」

「自分も親になって、あの時の親の気持ちがよくわかる」、という言葉をよく耳にしますね。できれば親の気持ちや立場での見方に留まってほしくないのです。もう少し丁寧に拾ってみると、「親の気持ちがわかる」というのは「親はどうして言ったのかがわかる」に言い換えられます。では、果たしてそれは、親が子どもに言って良いものかどうか。その時の表情や態度は子どもの心に悪影響を与えるものではなかったか、そこをしっかりと吟味することが大切なのです。

ついつい言ってしまう、〝親と同じこと〟にはどういうセリフがあるでしょう。


「片づけなさい」

「早くしなさい」

「全部食べなさい」

「きちんと挨拶をしなさい」

「自分のことは自分でやりなさい」

「甘えない」

「我慢しなさい」

「女の子・男の子らしくしなさい」

「お友だちや下の子に貸して（譲って）あげなさい」

「子どもには関係ないこと。大人の話に首をつっこまないの」e・t・c…


いかがですか？　ママは大変だから言ってしまう。母も大変だったのだなぁという、お母さんの立場や気持ちがわかる。しかし、子どもには子どもの気持ちやペース、意志、欲求、そして決定する権利があるのです。そういう子どもの存在を最優先にするという親の責任を中心にして見てみると、一方的な指示や否定と取れるこれらの言葉は、悪影響を与えるものであることに気づくのではないでしょうか。

●見えにくい気づきにくい価値観や振るまい

では次のようなものはいかがでしょうか?

- □自分の物差しで目上・目下を判断し、それによって態度を変える。
- □外と内で顔や態度が違う。
- □高いところから人を見る・見下げる。
- □優劣、勝ち負けにこだわる。
- □他者と比較して優越感を得ることで気持ちを安定させようとする。
- □伴侶や子どもより常に優位に立とうとする。
- □伴侶や子どもより自分の都合を優先してしまう。
- □伴侶や子どもを侮辱したり心を傷つけたとしても、表面的に謝るだけで無かったことのように扱ってしまう。
- □〝愛〟だと思い込んでいる伴侶や子どもへのサービスが、実際は自分を満足させるためのもの。

これらは、先ほどの『言葉』とは違い、目に見えにくいため中々気づきませんが、単刀直入に言うと、これらは〝心の歪み〟〝心の貧しさ〟の表れです。こういったものほど、子どもに刷り込まれて受け継がれやすい、悪影響を与えるものであることを認識し、心の浄化に努めることが求められるのです。

さらに、『インナーペアレント』についてより深く見ていきましょう。

●子ども時代における、『親や身内の侵入』とその影響 ～親や身内の年長者側に都合の良い、偏った教義や信条の刷り込み・植えつけ～

この『インナーペアレント』は、第7章の『恐怖と向き合う』の中で見てきたように、虐待的な言葉や行為によって、「親や身内から受けた心の傷」とは異なり、毎日の生活の中で習慣的に自分の体の中に浸透してしまっているようなものです。しかし、その影響力は大変強く、いつまでも、濃密に、影響を受け続けます。

どうしてそこまでしぶとく影響を受け続けるのでしょうか。

それは、無力な子ども時代に受けた親からの関わりに、〝抵抗不能〟な侵入があったためです。

子どもに対し、上位の権限を持った親が「子どものために」「子どものことを思って」ということを名目にした『愛情』や『教育』、『正論』を振りかざすと、無力である子どもは従うよりほかありません。子どもは、自他との境界を作って自分の意志やペースを尊重した判断や決断をする、という力も権限も持っていないからです。そのため親は、子ども側が断るという選択肢の無い、〝『愛情』『教育』『正論』の押し売り〟という形を取りやすく、当たり前のように子どもの心の中へ侵入している（『共依存』という愛情の皮をかぶった侵入）状態が常態化するのです。年齢や相手との関係を問わず、自分の領域を侵されるという出来事は、自尊心を踏みにじられるようなもの。その積み重ねがもたらしている影響を考えると、これも心的外傷と言えます。

『インナーペアレント』は、大人になっても自分の心の中に親、特に母親から言われた言葉や言葉になっていないメッセージ性のあるものが未だに残っていて、その結果自分の心の中に母親が棲み続けるようなものです。そのような「母親の残像」に苦しむ子どもの姿は、子ども時代における心的外傷の後遺症とも捉えられます。

●「世間様の目」「世間様の常識」にスライドされる

この、『インナーペアレント』は、そのまま「世間様の目」にスライドし、子どもが大人になった頃には、「世間様の常識」に支配されながら生きることになります。そして、「世間様の目」、「世間様の常識」が中心になって、自分の意志をもとにした選択ができなくなってしまうのです。

この『インナーペアレント』や、『インナーファミリー（195ページ参照）』に縛られている間は、想像以上に「親や身内なしでは生きていけない」「親や身内から離れては生きていけない」という思いに支配されているのです。

では、『インナーペアレント』・『インナーファミリー』として支配を続けることになる、子ども時代に親や身内から「言われた言葉」や「言葉になっていない、または、言葉として不十分だけれどメッセージ性のあるもの」について確認していきましょう。

【年長者側の立場に偏った倫理観・価値観・理想の押しつけ、圧力、干渉、コントロールに当たるもの】

□「優しくありなさい」
□「親や目上の人に逆らってはいけません」
□「世間様に恥じないように」
□「社会から落ちこぼれたら生きてはいけないよ」
□「我慢すればうまくいく」「我慢していれば必ず良いことがある」
□「もっと努力しなければ」「もっと頑張りなさい」
□「我慢強い子になりなさい」「男は強くなくてはいけない」
□「早く大人になりなさい」「もっと大人になりなさい」「強くなりなさい」
□「子どもは親の期待に応えるのが当たり前」
□「子どもは大人を慕い、大人に従順でありなさい」
□「育ててくれた親に感謝し、親のため・家のために生きるのが親孝行」
□「社会に適応し、誰からも認められる人間になりなさい」
□「親の老後の面倒を見ない子どもは親不孝だ」
□「そんなことを言うあなたは、人に嫌われるよ」
□「こうすべき」「これはこういうもの」
□「何やってるの、こうしなさい」「言われたとおりにしないと許さないよ」
□「親の言うことを聞いてたら間違いないの」「そうすれば間違いないのよ」

□「あなたのことは私が一番わかっているの」
□「いつまでも私を必要としておきなさい」
□「いつまでも、私の望むようなあなたのままでいなさい」
□「私を見捨てるな・裏切るな」
□「私の言う通りにしとかないと苦労するのはあなたよ」
□「人はひとりでは生きていけないものよ」
□「親が子どものことを思ってやっていることが何がいけないの？」
□「私がいないとあなたはダメになる」
□「あなたは私の生きがいなの」

●マイナスに働いている信念・信条をプラスに換える

〔葉子〕「親同士とか大人同士の会話だとか、親の言動や反応からも察知しますね。間違いなくそう思っているだろうというのがわかる、という感じです」

親御さんにとって信条となっているものは、言葉にしてもしなくても、そのように自然に取り込まれていきますね。それに対して自分の正直な気持ちの方ではどうなのか、などと吟味することがほとんど無いので、いつまでもその信条に支配されて、息苦しさや生きづらさを感じるのです。親や身内の年長者がかかげた理想や価値観に当てはめさせられることで、子どもの個性や子どもらしさが阻まれ、子どもの人生まで束縛されてしまっているというのが現実なのです。

中には親や身内の人たちの期待から外れたり、その人たちと違う考えを持っていたり、その人たちと違う行動を取っていると、後ろめたさや罪悪感にさいなまれ、あるいは、さいなまれなくても、無意識のうちに自分を責める「自己処罰」を行っている人もいます。その自己処罰として表れる症状の代表が、慢性の頭痛です。

ですからこれらの中で、自分に取り込まれ、自分にとってマイナスに働いているもの（有害性のあるもの）を、徹底的に追い出していきます。または、プラスに換えられるものは、自分にとって楽になる言葉や考え方、「自分らしく生きるためになるもの」に換えていきます。つまり、『脱洗脳』を行うことと同じなのです。この『脱洗脳』をどこまで達成できるかが重要なのです。

先ほどの【年長者側の立場に偏った倫理観・価値観・理想の押しつけ、圧力、干渉、コントロールに当たるもの】の中のいくつかを、これからの自分にとってプラスに換えられるものに変換された例がありますので、ご紹介します。

□「優しくありなさい」→　優しくあろうとすることが害になるとは思わないが、〝優しくあるべき〟にとらわれて、自分の心や気持ちを偽り演じるのはよろしくない

□「世間様に恥じないように」→　人の目や顔色を基準にする必要は無い

□「我慢すればうまくいく」「我慢していれば必ず良いことがある」→　我慢は強要されるものでなく、自分で選ぶもの、自分の心や、新しい家族に悪影響を及ぼす類の我慢があるのでそれを見極め、必要のない我慢にエネルギーを費やさない

□「もっと努力しなければ」「もっと頑張りなさい」→　我慢と同じで、努力も自分で選ぶもの。努力の強要は、場合によっては相手の心に傷を負わせることもある

□「子どもは親の期待に応えるのが当たり前」→　親が自分の欲望や人生に自分で責任を持っていたら、子どもに期待という重荷は負わせないはず。エネルギーは親のためではなく、自分や自分が作った家族のために使う

□「子どもは大人を慕い、大人に従順でありなさい」→　子どもと大人に上下はない。自分の意志に従って対応して良い

□「育ててくれた親に感謝し、親のため・家のために生きるのが親孝行」→　親や家のために与えられた命ではないはず、子どもが親から自立して、幸せの道を歩むことが大切

□「社会に適応し、誰からも認められる人間になりなさい」→　自分の心に正直に、誠実

に生きられる環境や相手を選ぶ方が大切

□「親の老後の面倒を見ない子どもは親不孝だ」↓　親からの虐待や支配を受けてきた子どもや、支配や悪影響を与えられ続けている子どもが親の老後の面倒を回避したとしても、親不孝にはならない

□「何やってるの、こうしなさい」↓　自分のやり方で良い

□「親の言うことを聞いてたら間違いないの」「そうすれば間違いないのよ」↓　親の考えが正しいとは限らない、子どもは親と違う考えを持っても構わない

□「いつまでも私を必要としておきなさい」↓　子どもから必要とされなければ安定しないという親自身の心の空虚が見える。そのような共依存的な関係から離れて自立することが大切

□「いつまでも、私の望むようなあなたのままでいなさい」↓　もう親の望む自分を演じなくて良い

□「私を見捨てるな・裏切るな」↓　悪影響を与えながら、それを認めて変わろうとしない親であれば離れざるを得ない

□「私の言う通りにしとかないと苦労するのはあなたよ」↓　自分の中の深いところから湧いてきた考えに従って良い

□「人はひとりでは生きていけないものよ」↓　その言葉が出る時は、〝だから合わせなさい・従いなさい〟とか〝だからいつまでも私を必要として関わっていなさい〟という

隠れたメッセージによる操作が働いていることが多い。わかりにくい脅しや罪悪感を抱かせる類のメッセージに、いつの間にかコントロールされてきたパターンから抜け出す

□「親が子どものことを思ってやっていることが何がいけないの？」→**親と子どもはそれぞれ別々の人格を持った異なる存在。子どもが嫌がることを押しつけるのは土足で心に侵入するのと同じこと**

□「私がいないとあなたはダメになる」→**親と離れても私はダメにならない**

●自分が変わって成長していく

このような新しい信念に確信が持ててぶれなくなると、本当の強さが実感できるはずです。楽になります。

大切なことは、親や身内の人たちを、わからせよう、気づかせよう、変えようとするのではなく、自分を守る術《すべ》を持たずに侵入を許していた頃の自分と異なり、成熟して大人になった自分が、『内なる親』・『内なる一族』との間に、はっきりと境界線を引くことができるか、その人たちの影響を受けない生き方（スキル）を身につけていけるかということ。

つまり、自分が変わって成長していくということなのです。

Part 2
『安心・安全な子育てのために』

第11章

必要な時は “助け” を求めよう

助けを求めるということは、
適切に甘えるということ。
甘えるというのは、したいことや
してほしいことを素直に表現すること。
甘え上手というのは、「自分のために」
素直な表現ができること、
お願いができること。
つまり『自分への尊重』です。
「疲れが溜っているみたい、
少し休ませてもらうね」
「ごめんなさい、急いでて時間がないの。
手伝ってもらっていい？」
強がらずに、そんな表現ができる、
できないことはできないと言える、
そんなママの方がずっと楽で、気持ち良い
ものです。

なるほど
知識メモ

『助けを求める』

いつも家族のために頑張っているママ、そんなママの心は満ち足りているのでしょうか。自分のことは後回しし、何でも我慢して旦那さんや子どもさんの世話ばかりでは、そのうちに自己犠牲の破たんが訪れます。特に小さい頃から、母親の顔色をうかがいながら、遠慮して、自分の自由な要求や表現ができずに育ったママは、もともと心にぽっかり穴が開いていていて満たされていないのに、何でも「私さえ我慢すればいい」と思ってしまう。甘えちゃいけない、弱みを見せちゃいけない、失敗しちゃいけない、良い母親でなくちゃいけない、とがんじがらめに決め込んでしまって、窮屈な生き方をしてしまうのです。

しかし家族にとって、我慢しているママはどのように感じられるのでしょう。こうでなくちゃならないという規制は、家族まで窮屈にしてはいないか、我慢してイライラしているママに対して自由な表現ができる空気・雰囲気があるのかどうか。

小さい頃「甘える」ことを十分にさせてもらっていないママは、甘え方がわかりません。それよりも相手に迷惑がられたくないとか、嫌な顔されたり、断られたりすることに対する恐れが働いて、何でも自分でやろうとしてしまうのです。

それは、傷つくことを恐れた守りかもしれません。「甘えてみる」、「素直にお願いを表現できるようになる」という、新しい生き方への挑戦が必要です。

●誰に助けを求めたらいい？

苦しい時は誰かに支えてもらいたくなったり、苦しみをわかってくれそうな、共有してくれそうな人に苦しみを吐露してしまいがちですが、AC回復の過程の中で、インナーファミリーや〝社会の常識へのとらわれ〟から自由になろうとしている方が、そうではない人に相談すると、せっかく歩んできた回復への道を後戻りさせられるようなアドバイスを受け、心が詰まってしまうケースが非常に多く見受けられます。

助けや意見を求める場合は、あくまでも次のようなカウンセラー（セラピスト）や、AC回復の過程に沿った書籍などを選択するのが賢明です。

◇カウンセラー（セラピスト）を選ぶには
・カウンセラー（セラピスト）にAC克服の過程があるか
・インナーチャイルド、つまり子ども側・弱者側の視点であるか

といったところを重要視して探されることをおすすめします。

なお、虐待の中でも特に、身体的・性的虐待の被害経験がある方や、現在アルコール・薬物などの依存症を抱える方、精神疾患や自傷行為・自殺願望・自殺念慮などを抱える方は、それぞれを専門としている治療者や専門家に助けを求めることが必要です。

●伴侶が向き合ってくれない

苦しみから回復したい、夫婦関係を改善したい、そう思って伴侶と向き合っても、伴侶が向き合おうとしないケースは珍しくありません。特に、一方がＡＣを自認し、伴侶に理解を求めても、その伴侶がＡＣ概念を拒絶したり、面倒がったり、親目線で一蹴されることもよくあることです。

そこで、どうしても伴侶にわかってほしい、変わってほしいと執着してしまいがちですが、これは残念ながら悪循環を招いてしまいます。例えばママの方は、夫婦の信頼関係の無いところに本当の幸せは存在しないことに気づく方が多いのですが、男性の場合は仕事や社会といった外部にエネルギーを注ぐことを優先してしまいやすく、妻や子どもの存在に対する価値に気づきにくいのです。

しかし、今は伴侶が向き合ってくれなくても、決してあきらめないでください。まずは自身が親や身内から精神的に自立し、内面を成熟させる過程をしっかりと歩みましょう。その中で、必要な時に、必要なことを、洗練された言葉で伝えられるように訓練を重ねるのです。独自の考えに基づく信念や新しい価値観に確信が持てるようになると、相手の反応や結果に対する恐怖が小さくなり、勇気が与えられます。

●恐怖に飲み込まれて、日常生活に支障が出そうな時

まずは、今の自分の限界を認め、手紙書きをはじめ自分に向き合っていくペースを緩めます。冷静さを取り戻すことができれば、恐怖や感情の詰まりの内容を把握するよう努め、整理しましょう。

もし、恐怖の原因が対人関係によるもので、相手が特定できているのならば、その相手から物理的にも心理的にも距離を置き（『離れる』）、安心・安全な環境に身を置くことを最優先にします。

必要な場合は、カウンセラー（セラピスト）や専門家などに相談しましょう。

なお、長い間、蓋をし続けてきた心の中や感情と向き合う作業に取り組む際は、事前に伴侶や子どもさんに伝え、多少の感情の浮き沈みや、感情の解放が起こる可能性、そのほか考えられる変化について情報を共有しておくことが大切です。

特に伴侶には、いざという時に協力を求めることがあるかもしれない、ということなど、ニーズを具体的に伝え、依頼しておくことで、心にゆとりを持って取り組むことができます。

NOTE

Part 2
『安心・安全な子育てのために』

第12章

“本当の自分の声”を感じ取ろう

家族に向けられるママの愛は、
どんな愛でも一方的であれば
息の詰まる家庭となる。

相手を感じ、受け取り与える、
受け渡しのある愛は呼吸となって、
家庭が安らぐ。

家庭に穏やかな安らぎを感じる時、
そこにはママの感情の詰まりがない。

子どもの何気ない表情や行動を
愛おしく感じられることや、
何気ない夫婦の会話に、ささやかな
幸せを実感できるのは、そういう、
詰まりのない時。

なるほど
知識メモ

『啐啄同時（そったくどうじ）』

『啐《そっ》』…雛が卵から生まれる時に、卵の内側からくちばしでコツコツと殻をつついて音を立てるその時、『啄《たく》』…母鳥はそれに応えるかのように外から殻をついばんで割る。

この『啐』と『啄』がまさに同時に、最も大切な時に行われることを表した『啐啄同時』という言葉（禅語）があります。

人間に宿っている生命は、それぞれ独自の個性を持った生命です。その生命の成長過程のリズムやペースも、それぞれ独自のものです。

しかし、独自の生命が個性として花開くかどうかは、その人が育った環境に左右されます。

一方で、私たちは常に、外界から働きかけられる大きな力によって、本来の自己に目覚めることを促されています。

そして、私たちに内在する、本来の自分らしい自分＝インナーチャイルドもまた、自分を生かす方向や回復を求めて行こうとします。

しかし、インナーチャイルドは、安心・安全な環境に置かれない限り、十分な力が発揮できず、私たちは、その意志も、大きな力の促しも、感じることができません。

そこに気づいて自分を安心・安全な環境に置いた時、インナーチャイルドが力を取り戻し、私たちの感じる力が育つことで、自分の本当の声やその促しを聞き取ることを始めるのです。

つまり、私たちが自分の内面を成熟させ、殻の外へ出る時を感じ取り、勇気を持って自ら「殻をつつく」時、同時に大きな力によって外側から殻がつつかれ割られるのです。

●インナーチャイルド（内なる子ども）の訴えに応じる

「人を許せる寛大な人でありたい」「許して楽になりたい」と多くの方が願っています。しかし、「私も許せる人間にならなきゃ」と思う時、人はどうしても寛容で寛大な人格者を理想に描き、『許した』という〝言い聞かせ〟の状態になることが多いものです。もしくは親に対する恐怖心が強すぎるため、許せたつもりになって、向き合うことの苦しみから回避しようとするケースも存在します。

反面、どうしても許せなくて苦しんでいる方も多く見られます。その苦しんでいる方に対しては、『過去のことだし、許して忘れなさい。親も親なりに苦労したのだから』などと投げかけられることがありますが、『許す』ことにとらわれる必要はありません。むしろ『許す』ことで苦しみに決着をつけようと、許せたつもりになっていると、回避したいはずの問題に繰り返し悩まされてしまいます。

インナーチャイルドが息苦しく傷を抱いたまま取り残されている限り、自分らしい本当の自分を取り戻すようにと（息苦しさと心の傷の回復を求めて）、自身や子どもさんの問題や症状を通して、インナーチャイルドが叫び続けます。

ですから、このインナーチャイルドが十分に救われたかどうか、インナーチャイルドが十分に納得したかどうかということが、非常に大切なことなのです。

つまり、ママが、幼い頃の自分自身でもあるインナーチャイルドの訴えを拾ってあげることができ、『自分の心に正直に、誠実に生きること』ができるようになれば、ご自身や子どもさんの症状や問題で悩まされることは少なくなるのです。

対人関係においても、たとえ現在関わっている人が苦手だからと切り離して距離を置いたり、つき合いをやめたりしたとしても、インナーチャイルドが救われていなければ回避したはずの問題や相手が繰り返し訪れます。インナーチャイルドは、再現されている事象を通して、生い立ちの中の悔しかった思いに気づかせようとするからです。子ども時代に負わされた不平等な関係性や、その中で起こったトラウマの責任は自分にはまったく無かったという事実について深く認識させようとするのです。

それは、まるで心の奥底に潜んでいる怒りや恐れ・悲しみ・寂しさ・憎しみ・嫉妬・劣等感・罪悪感・自責感などの〝負〟の感情や、放置されたままの心の傷が、子どもの頃の悔しかった出来事や心の傷を与えた相手と置き換わるような代用者を引き寄せているようなものです。その時の心の傷や感情が、その存在を知らせるかのように訴えかけ続けるのです。見方を換えれば、心の傷を与えた相手のことを許すべきだと思っても、心（感情）が許すことに同意しないという現象がつきまとっている、とも言えるのです。

ですから、ＡＣ回復のポイントとしても、繰り返しになりますが、このインナーチャイルドがいかに救われていくか、またはインナーチャイルドが納得してくれるか、ということが重要なのです。

●『許す』ことにこだわらない

このようなことから私はセラピストとして、自分の心に傷を負わせた相手を『許す』ことにこだわる必要はないと伝えるようにしています。

仮にトラウマを与えた相手がその事実や過ちを認め、さらに、その責任が自分にあることを認めたうえで、トラウマを与えてしまった人との関係修復に努めたり、心の傷を負った側の気持ちになって『許し』を得るための誠実な姿勢や行動を取るのであれば、心の傷を負わされた人にとって、『許す・許さない』といったことは問題ではなくなるでしょう。

では、心の傷を負わせた側がその責任を取ろうとしなければどうなるのか、いつまでも許しは訪れないのか、それについてお答えしたいと思います。

『許すかどうか』は、大人になった今の自分が、傷を負ったまま放置されているインナーチャイルドを納得させてあげられるだけの行動、つまり、必要とされる具体的な行動を取ることでもたらされる〝答え〟です。

『人事を尽くして天命を待つ』という言葉がありますが、心の傷を負わされた側が具体的で適切な行動を取ったかということ。それは自分のために「やるべきことをやったか」ということが大切なのであって、相手を『許す』かどうかにこだわることではないのです。

まとめになりますが、その、やるべきこととは、子ども時代に負わされたトラウマやその時の感情の責任を、本来負わなければならない相手に返すこと。『返す』とは、負わされていた責任をしっかりと自分から切り離す作業のことです。

大切なのは、怒りや悲しみなどの〝負〟の感情を解放し、負わされたトラウマやその時の感情の責任を、本来負わなければならない相手に（自分の中で）返す作業に取り組む中で、自分と相手のそれぞれの限界と現実を見定めていくこと。そして、相手と自分の生きる道が違っても、何の問題もないのだということを明確にしていくこと。そのうえで自分の選んだ人生について責任を持ち、自身が作った新しい家族の幸せに向かって歩き進んで行きながら、『許す』『許さない』ということからも自由になっていく、ということなのです。

●“本当の自分の声”を感じ取ろう

まだ立たぬ波の音をばたたえたる 水にあるよと心にて聞け

これは、江戸時代の禅僧である『沢庵禅師』が歌った歌です。

「まだ波の音が立つ前の、立ち始める前の、そのたたえたる水の中にすでに音が潜んでいることを心で感じ取れ」ということが言われているものと解釈しています。

同様に、症状や問題という波の音として表れる前の、心の中に潜んでいる『言葉にならない心の叫び』という音を感じ取ることが、セラピストやカウンセラーにとって重要なことなのですが、その『言葉にならない心の叫び』とは、その方の、傷つきやすかった無力な子ども時代の、“インナーチャイルドの訴えや叫び声”を聴き取ることでもあるのです。

水面にはまだ波の音は立たず、静かなように見えていても、水の中にはすでに音が潜んでいる。心もまた同じ、静かなように見える心の中に潜む音、その気配を感じるような繊細な感性を磨くことにより、生命《いのち》を生き生きと育むことができるのではないでしょうか。

その音に耳を澄ませ感じようとする姿勢が、子育てや人生を、豊かで幸せなものへと導いてくれるのです。

ノーと言えるママになる

「葉子さん、
急で悪いんだけど、お願いがあるの
明日なんだけど
急用でお当番ができなく
なっちゃったの
2時間だけ、何とかうちの子見てて
もらえないかしら？」

え〜っと、
明日はミヨがプールに行くって
楽しみにしてたんだけど…

ことわったらどう思われるだろう
ミヨは…、プールはいつでも
行けるよね

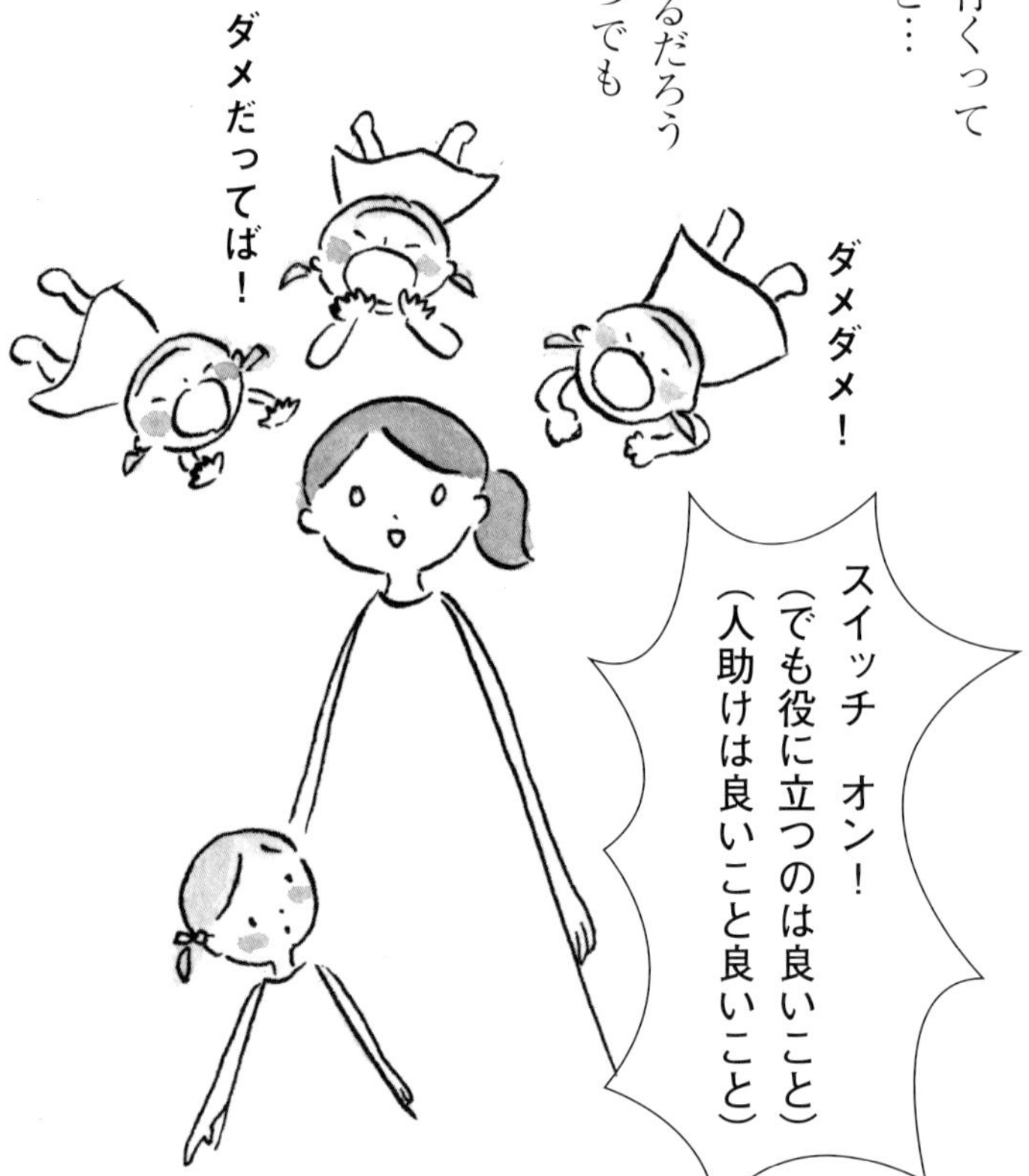
ダメダメ！
ダメだってば！
スイッチ　オン！
（でも役に立つのは良いこと）
（人助けは良いこと良いこと）

「ミヨ、明日のプールは
またちがう日にして
明日はゆうくんとあそぼうか」
「……？　うん」

「良かった。ありがとう
じゃあ　明日よろしくね」

「いいの
いいの」

「だっこ」
「え〜
仕方ないなぁ
少しだけね」
イライラ…

「フ〜ッ、疲れた
じゃあ、ママ今から少しおしごとするから
まってて」

「やだ。だっこ」

「ミヨ、どうしちゃったの？

だっこはもうムリだよ」

「だっこ！」

「しつこいなぁ。ムリ！」

「だっこ！」
「ダーメ！」
「いや！
だっこ、だっこ、だっこ！」

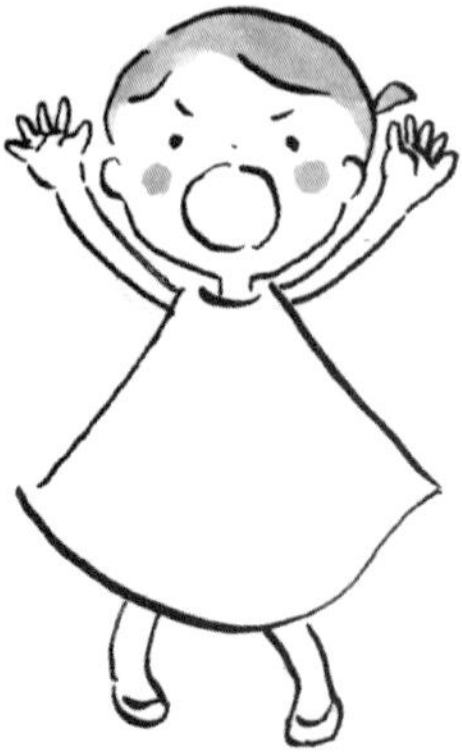

「もう！
しつこいっ！」

わーーん

ミヨちゃんがしつこかったのは
葉子にスイッチが入って、一番大事なはずの
ミヨちゃんや自分の気持ちより
ほかの人を優先するモードになってしまったからだよ
それに対する抗議、言葉にならない心の叫びなの
葉子のスイッチが入るのは
相手にとっていい人でいられなくなることへの
恐れや罪悪感でいっぱいになった時
それにスイッチが入るとわたしを箱の中に閉じ込めるから
声が届かない
だから本当の自分の気持ちもミヨちゃんの気持ちも
わからなくなるの
そんなスイッチがあるってことを自覚してほしいな

「あ、私のイライラの原因、それだったんだ…
いろいろわかってきたつもりだったのに
つい、やっちゃう
自分にもミヨにもごめんね、だね」

「明日なんだけど
実は、ミヨとプールの約束してたの
守ってあげたくて…
いい加減に承諾してしまって
本当にごめんなさい」

「そうだったんだ、
こっちこそごめんね。
誰か探してみるから
大丈夫だよ」

なんだ、ノーを言うことって
難しいことじゃないんだ…

「ごめんね、もうスイッチは入らないように
気をつけるね」

もうあっちに戻らないで

葉子には
ふたつの顔がある
本当の顔と、よそいき顔
かってにスイッチが切り替わって
わたしを箱にとじこめる
気づいて
相手にとっての良い人や
社会で求められる良い人
それは　小さい時から
葉子に求められてきた
〝良い子〟なの
それは自分のために生きる本当の葉子じゃ
ないの

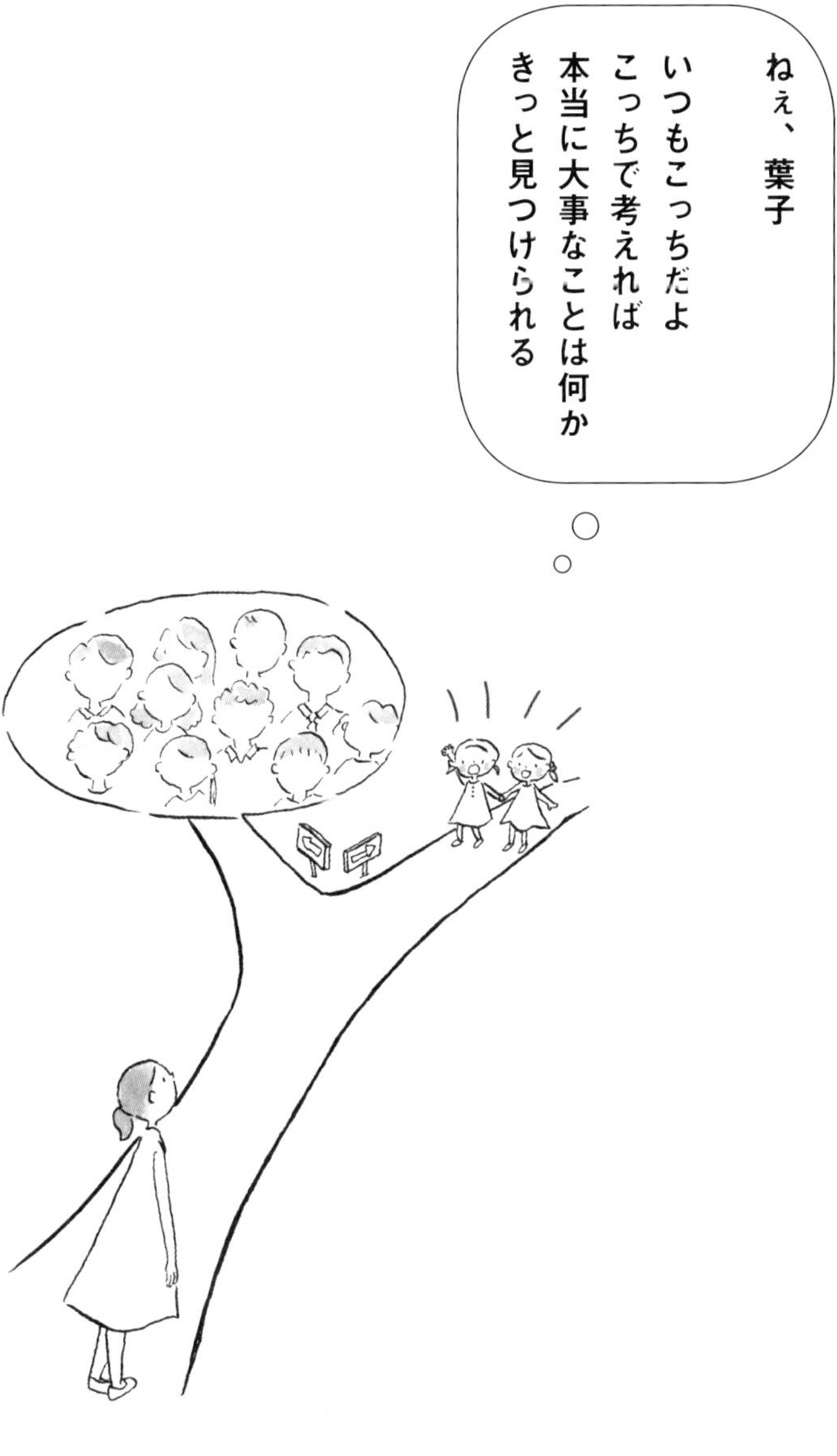
ねぇ、葉子
いつもこっちだよ
こっちで考えれば
本当に大事なことは何か
きっと見つけられる

私って本当は一体どういう人
なんだろう？

心の中では実は否定ばかりしている？
実は心の中には不満だらけ？
実は変化が苦手で、自分に問題があると認めるのが怖い？
相手の反応が怖い？
そうだね、私ってそんなところあるね。
でも、これも今の私。
私はそれも受け入れるよ。
だけどそんなのはもうイヤだな。
ノーと言えずに、つい引き受けて
大事な自分や家族を我慢させてしまう人には
もう戻りたくない。

「私は……」

＊自分の意見をしっかり持っていて、
自己表現・自己主張できる人になりたい。
＊子どもの気持ちや要求を受けとめられる親になりたい。
＊パパといい夫婦になりたい。
e・t・c…

私たちは
ママになって…

子育てを通して
再び自分自身と
出会い

生い立ちの中にあった
心の傷や
さまざまな気持ちと
向き合って

ママになってからの
生き方を探して

そして
本当の家族になる

【参考文献】出版年度順

信田さよ子　１９９６　『「アダルト・チルドレン」完全理解…一人ひとり楽にいこう』三五館

信田さよ子　１９９７　『コントロール・ドラマ…それは［アダルト・チルドレンを解くカギ］』　三五館

信田さよ子　１９９８　『愛情という名の支配…家族を縛る共依存』　海竜社

西尾和美　１９９９　『機能不全家族…「親」になりきれない親たち』　講談社

スーザン・フォワード　２００１　『毒になる親…一生苦しむ子供』　講談社

クラウディア・ブラック　２００３　『子どもを生きればおとなになれる…「インナーアダルト」の育て方』　アスク・ヒューマン・ケア

長谷川博一　２００５　『お母さんはしつけをしないで』　草思社

大河原美以　２００６　『ちゃんと泣ける子に育てよう…親には子どもの感情を育てる義務がある』　河出書房新社

ダン・ニューハース　２０１２　『不幸にする親…人生を奪われる子供』　講談社

影宮竜也　２０１４　『毒親からの完全解放…本当の自分を取り戻して幸せになる７つのステップ』　アチーブメント出版

私たちの進む路

詰まってしまう時はまだある
イライラしたり　譲れない時が
全くなくなったわけじゃない

でも　もう　前の私には戻らない

これまでは　自分は何者なのか
本当は何を求めているのか
どこにいるのか　どこへ向かうのか
何も見ようとせず
周りの反応ばかり気にしながら
ただよってきた

でもこの子が
私という人間が　本当は意志も価値も

持って存在していることを思い出すよう
取り戻すよう　示してくれた

私たちは今ここにいる
変化を促す風　潮の流れは
私たちが本当に幸せな家族に
なるための航路へと導いてくれている

迷ったり　怖れに負けそうになったり
した時は　思い出そう
誰でも初めてのことに挑む時は怖いのだ
ということを
だけど　自分を取り戻すため　大切な家族の
ために　怖れと向き合い勇気を出して
挑むことに間違いや失敗など決してないと

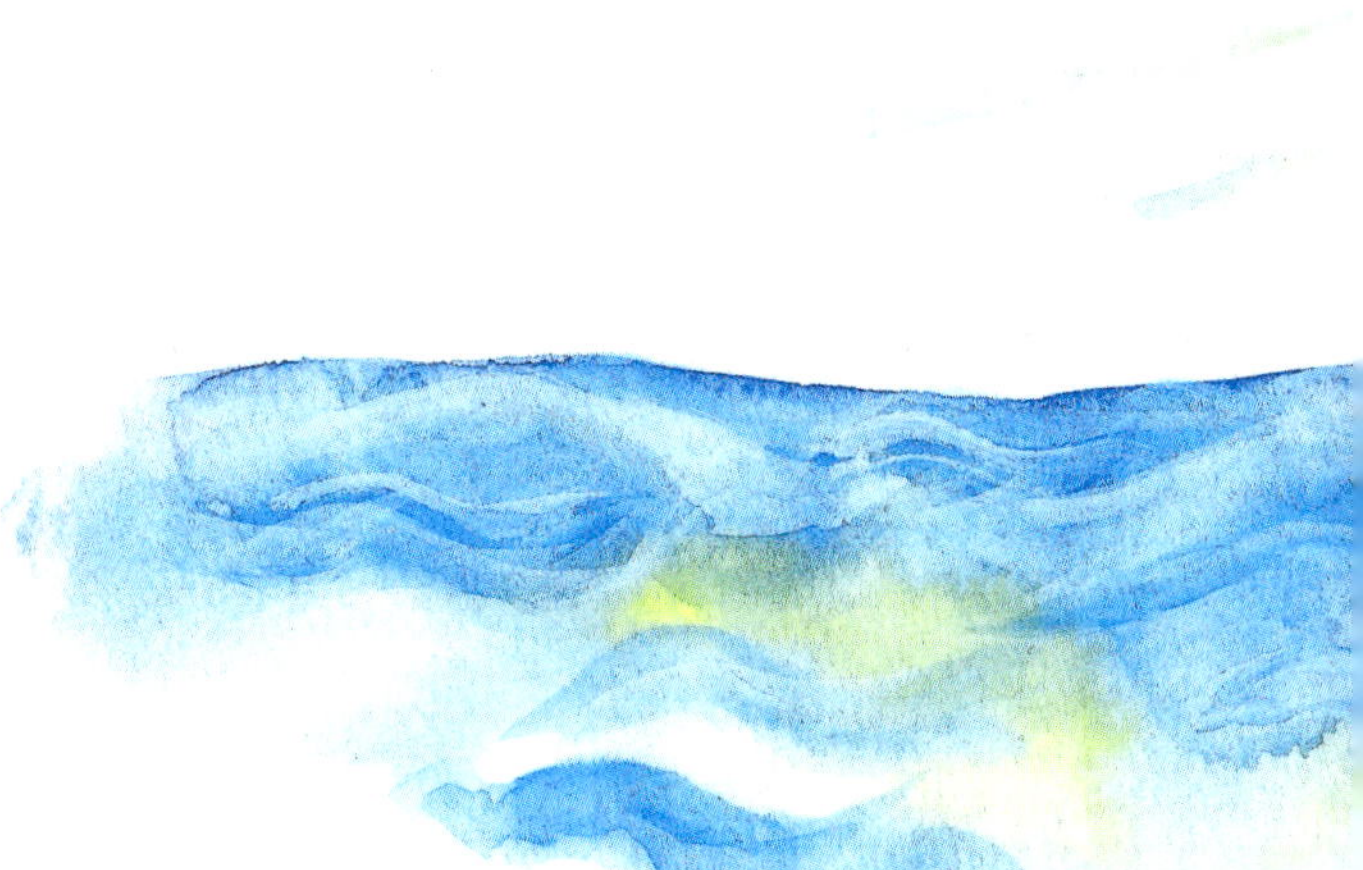

おわりに

この本では、子どもの頃の自分（インナーチャイルド）という視点を大切にしながら、ママのセラピーが行われていく過程を描いてきました。

大人になって親になったママやパパにも、心の中に〝インナーチャイルド（内なる子ども）〟という幼く無力で傷ついたまま取り残されている、力を失いかけている子どもの頃の自分がいるためです。

すでに、インナーチャイルドについて知識を持っていたママ・パパにとっても、インナーチャイルドと子育てを関連づけて考えられたことは無かったのではないかと思います。

この本の中で、何度となくお伝えしてきましたが、ママとパパのご自身のインナーチャイルドの気持ちをわかってあげられなければ、子どもさんの気持ちがわかりません。わからないために、わが子を傷つけてしまうことが、実はどれほど悲しく、胸が痛むものか、それさえも感じ取ることができないこともあるのです。

そのママ、パパの力を失いかけているインナーチャイルドが息を吹き返し、『本来の自分らしさ』を取り戻すために必要な知識、そして改善に必要なことの詳細とその方法を書いてきました。

子育ての責任の多くを担うママたちが、安心して子育てができる環境に置かれることが、いかに大切であるか。

これは、心の病や、人の悩み苦しみと向き合う中で、妥協点のある救いではなく、本質的で、本物の『救い』を追及してきたセラピストとして、常に切り離すことのできない課題です。

では、『安心して子育てができる環境』とは、一体どういうものなのか。

例えば、新米ママだったら、不安や孤独を感じやすく、心理的に追い込まれるママも少なくありません。子どもが少し大きくなると、社会性や自立心を育てなければと、意識が外へ外へと向かいます。すると、ほかの子と比較して焦ったり、ママ友や先生、支援者との関わりで心を詰まらせるママも少なくないのです。

子育てが少しでも楽になるように、生き生きと子育てができるように、サポートを受けることも『安心して子育てができる環境』づくりのひとつではあるのですが、実は、もっと土台の部分での環境を整えることが必要なのです。

この本は、そのことをママやパパたちに知ってもらいたくて作りました。

まずは、その土台の基礎の基礎となるのが、ママやパパの子ども時代にあることは、葉子さんという代理人を通して認識して頂けたのではないかと思います。

「親であろうと人は誰でも未熟なものではないですか？　だから親を悪く思うことは私は好みません」、そういう方もいらっしゃいます。「親は親で未熟なのだから、親がどうしたこうしたととらわれないで、さっさと自分の人生を歩きなさい」、そういう意見もあります。しかし、これまで自分を回復させる術《すべ》が見つからず、模索しながら苦しみを誤魔化すことのできなかった人もいるのです。

アダルト・チルドレンをベースとした苦しみや問題から回復し、子育てを有意義なものにするためには、『自分を育ててくれた親の毒性を正確に識別し、そのためにもたらされた悪影響を自分がいけなかったのではなかったと知る過程をしっかりと踏む』、このステップが必要なのです。

どちらにしても、インナーチャイルドの声や傷を切り捨てて、割り切って生きられる人は、本人はそれでいいでしょう。しかし、その方の子どもさんは恐らく同じようなことで傷つき、アダルト・チルドレンは受け継がれていくのです。

家族のほとんどが機能不全家族ではないかと言われている日本において、家族を持ち、親となって子どもを育てる方に、私には何の問題もないと言える方はほとんどいないのだということを実感しています。
子どもさんの相談でこられ、最初はセラピーなど一切無縁と思いながら、結果的にご自身のセラピーによって〝本来の自分らしさ〟を取り戻し、親から受け継いだ『毒親性』を抜き取ることで、子どもにアダルト・チルドレンを受け継がせない子育ての素晴らしさを日々実感しているママを見ていると、安定感・安心感が醸し出されていて、「待つ」「見守る」「受け止める」「許す」「ゆずる」という子どもさんの気持ちを最優先に尊重する本物の母性を感じるのです。

大事なことは、

・植えつけられた恐怖心や罪悪感の存在と、それによって今も受けている影響としっかり向き合うこと
・そして、それを植えつけることになった親の未熟さそのものが子どもにとっては『毒』であったことを明確に認識すること
・子ども時代の自分が本来負わなくて良かった責任を、負わなければならない親に返していく作業＝負わされていた責任を自分から切り離す作業を行うこと
・自身の中にも刷り込まれている、その親と同じ毒性・有害性の存在を認め、追い出すこと
・心を透明にすること、成熟させること、そして毒親を受け継がない

という過程なのです。

わが子の成長における自然な変化とそのペースにママ・パパが合わせ、必要と共に起こってくる変化を温かく受け止め、共に変化し続けていくこと、それが幸せへの歩き方ではないでしょうか。
多くのママやパパ、そしてその子どもさんたちの心が満たされ、生き生きと、自分のままで輝ける人生を歩まれることを心から願います。

「こういう本を出さないといけない気がする」。
『風鳴舎』社長の青田　恵様が最初におっしゃって下さったこの言葉にどれほど勇気づけられ、希望を持っ

て執筆を進めることができたかしれません。

また、青田様の「子どもが育つ環境を良くするため」「子育てで大変なママたちに寄り添う」、そういう本を出版するという、終始一貫したコンセプトは、私共のそれと一致し、伝えたいことを、より洗練させた本に仕上げて下さいました。

最後になりましたが、本書の深い意味と目的を理解して下さり、出版に当たり多大なるお力添えを頂きました青田様に格別の感謝を申し上げたいと思います。

そしてこの本の出版に当たり、ご尽力頂きました本当にたくさんの皆様に、この場を借りて御礼申し上げます。

斎藤　裕
斎藤　暁子

巻末付録

●セラピー・メモ

セラピー・メモは、より深く取り組みたい方のためにまとめたものです。

それぞれの項目に、関連しているページを記載しています。

なお現在、アルコールや薬物などを必要としていて、断つことができない、または断ってから月日が浅い方は、閉じ込めてきた記憶や感情と向き合う苦しみから後戻りする危険性があるため、専門家の治療によって、感情や衝動を抑える力を確かなものにされたうえで本書の内容に取り組まれることをおすすめします。

また、精神疾患を抱える方で専門家による治療を受けている方は、そのままその治療を続けられ、パニック発作・自傷行為・自殺願望・自殺念慮などを抱える方は、本書の取り組みや作業を実践される前に、専門家による治療を受けられること。加えて、残酷な虐待（特に身体的・性的）の被害経験がある方は、自分ひとりで過去の体験や恐怖と向き合おうとするには負担が大き過ぎるため、本書の取り組みや作業を実践される以前に、専門家にサポートを受けられることをおすすめします。

セラピー・メモ① 〜苦しみの種を確認する〜

（152・167ページ）

①「上下のある不平等な関係性」

□家族・身内間で、下に位置する立場の人が、上の立場の人にとって都合の良い存在でなければ安定が保たれない、支配する側にとって、支配される側が都合の良い存在である場合にだけ成り立っているような関係。

□上の立場の人が下の立場の人より多くの権利を持っていて、常に上の立場の人に主導権がある。

②「子ども時代に受けた、欲求・感情の抑制とコントロール」

□自然に湧いてきた欲求や考え・感情を自由に表現することを否定・抑制されていた。

□子どもの自由意思による人生の選択が許され、それがその子の個性として受け止め認められる育てられ方ではなかった。

□親の都合や要求を満たさなければ子どもに愛情を与えない、子どもを認めない『条件つきの愛』『条件つきの承認』という、〝コントロール〟が存在した。

③「『比較』『競争』『差別』」

□ほかの子どもとの間（特に兄弟姉妹間）で、差別や比較・競争があった。兄弟姉妹の誰かが優先された・優遇された・一目置かれた。兄弟姉妹の中で自分だけが取り残された・のけ者にされた。兄弟姉妹の誰かが「ダメな子、問題な子」というレッテルを貼られた言動・態度によって見せしめにされた。

④「教義・信条・役割の刷り込み、または、押しつけ」

□親や年長者による、〝あるべき理想像〟、例えば「長男なのだから……」「子どもはこういうふうにしておくものだ」など、規律やしきたりとして、その家の当たり前の常識となっている価値観や役割を一方的に子どもに課すところがあった。

□親や身内の人たちが、周囲の人に必要とされることで自分の存在価値を保つという『共依存性』に支配され、その人たちによる「周囲の人の期待を読み取り、その期待に沿おうとする生き方」の刷り込み、または、押しつけがあった。

⑤「喪失体験と、その中で背負うことになった不運な役割」

□親の離婚における片親からの見捨てられ体験。

□本来親が親として取るべき責任や、解決すべき問題・感情を自分で処理することができずに、子どもを巻き込むことがあった。例えば、夫婦喧嘩の仲裁役や親の慰め役・離婚した親の片親としての支え役を子どもに負わす、不消化の感情を愚痴として子どもに降ろす、など。

⑥「〝虐待〟などの体験」

□〝虐待〟または〝いじめ〟を受けて育った。

□不安と恐怖を伴った＊『見捨てられる体験』のトラウマがある。

＊『見捨てられる体験』は、現在の苦しみの種としての濃度が濃いので、次のようなことについて認識を深めておくとよい。

「のけ者にする」「無視をする」などの親の態度、そのほか「『本当にあんたは面倒くさいね』『いい加減にしておきなさいよ』『もう知りません』『ややこしいことはわからない』」などの子どもにとっては抵抗不能な親の言葉、「表情が曇る」「顔がこわばる」「言葉数が減る」「親が自分の部屋に閉じこもる」などの非言語的なメッセージ（空気・雰囲気）は、見捨てられるというイメージにつながって、子どもは恐怖に怯える。

さらに、親に主張した際の、親が「悲しそうな顔をする」「涙を流す」「体調不良を訴える」、「『ショック受けた』『もうお母さんは死にたくなった』」などの親の言動も、子どもにとっては自分が親の心を傷つけたり破壊してしまうのではないかという恐怖を連想させる。それらに伴う罪悪感や自責感が、現在にまで影響して苦しみを生み出し続けている。

そのため『恐怖』に加え、『罪悪感』という苦しみの種もまた植えつけられているかどうか、しっかり確認していくことが大切である。

セラピー・メモ② ～「過去」と「現在」のつながりを確認する～
（167ページ）

子どもの頃に負わされた役割・義務・トラウマや、親や身内との間で身についた関係性のパターン、について。そして、それに付随する「怒り」「恐れ」「悲しみ」「嫉妬」「劣等感」「罪悪感」「自責感」などの感情が、自分の人生にどのような影響を与えているかについて認識していきます。例えば、現在関わっている相手との間で実際に起こった出来事や関係性、それに付随する感情が、過去の誰との間で、もたらされたトラウマや関係性の再現なのかを見ていくのです。

①□幼少期から刷り込まれた「〜すべき・〜あるべき」という教義や信条によって、「人のため」「社会のため」に生きるのが当たり前となっている。

□他人の期待を読み取ることばかりに意識が行っていて、自分は何をしたいのかがわからない。自分で考え判断し行動する力が身についていない。

□自分の個性・特性に合った職業選択ができず、働いても長続きしない。

□親や身内の期待に応えて無理に適応させてきたことのツケが息切れとしてのいろいろな症状（例えば、寝つきが悪い・意欲が湧かない・体がだるい・手足がしびれる　など）となって表れてきている。

□いつまでもその信条に支配されて、息苦しさや生きづらさを感じる。

②□生まれ育った家の価値観に合わせ、自分の役割や義務を果たすことで自分の存在価値を満たしてきている。

□その生き方や家族から中々離れられず、自分のために生きようとすること、「精神的な自立」が困難となっている。

③□今までの役目を降りたり、その生き方から離れたりしようとすると、何とない「不全感」や満たされない「空虚感」、「見捨てられ感」、「孤独感」、義務を果たせないことに対する「罪悪感」がしつこくつきまとう。

④□原家族以外の人間関係においても、原家族間で身についた支え役・調整役・世話役・面倒見役などの役割や人間関係のパターンを取ってしまう。

□いつも人の役に立っていないといけない気がして、本当は「ものづくり」など、ほかにやりたいことがあるのだが、医療・介護・福祉・教育・接客などの限られたものから職業を選んでしまう。

⑤□何事も親の考えや都合が優先され、親に反発したり、親と違った考えを持ったりすると恐怖や屈辱が与えられる、親の期待に沿わないような行いをすると罪悪感が抱かせられるといった体験が、トラウマとなっている。そのため、他人との間でも同じ恐怖や相手の期待に沿わないような行いをすることの罪悪感と自責の念による苦しみがつきまとい、「相手の顔色をうかがう癖」、「その時に湧いた感情を表出できずに閉じ込めてしまう癖」が身についている。

⑥□「過剰な義務感と責任感」「期待に応えられないこと・してあげないことに対する罪悪感」につきまとわれているため、自分の気持ちや感情を後回しにして、「周りのために」気がつけばクタクタになるまで、自分を酷使していることがよくある。

⑦□「親や身内の年長者と同じような理屈でものを考え、同じような立場からものを見て何かを行う」、「自分が育てられたのと同じように子育てをしてしまう」、「親や身内の年長者からされて嫌だったことを同じように自分の子どもにしてしまう」など、受け継いだものを次の世代に渡すという連鎖が起こっている。

⑧□子どもの頃からの、親や身内の年長者との間で解決されないまま浮遊し続ける〝負〟の感情（心の奥底に押し込められた怒り・恐れなど）が、現在関わっている目の前の相手との間で、自分の親や身内の年長者に置き換わって呼び起こされている。

・それらの感情が自分自身の内面に向けられ、次のようなものとして表れている。あるいは、それらの感情を次のような形で紛らわしている。

□不眠・頭痛・肩凝り・生理痛・消化不良・下痢・体のだるさ などの体調不良。

□自責的・自己処罰的となって、自傷行為や自殺願望・自殺念慮として出ている。

□薬やお酒などの力に頼っている。

□かんしゃく・キレ・ヒステリーなどの形で怒りが爆発する。

□向けやすい伴侶や子どもに向けてしまう（八つ当たり・叱責・虐待・干渉・コントロール）。

⑨□・兄弟間での『比較』『競争』『差別』『我慢』『兄姉という役割を押しつけられてきたジレンマ』などにより、抱えることとなった「嫉妬」や「劣等感」といった未解決のままの感情がある。

・兄弟姉妹の存在のために得ることができなかったことで、独占欲・愛欲・自己顕示欲が強まっている。

・兄弟姉妹の存在によって、競争心や高いプライドが身についている。

□これらが備わったことが影響し、夫婦間でも同じような関係性が再現され、伴侶が兄弟姉妹に置き換わって勝ち負けや優劣にこだわったり、主導権争いを行ったりすることによって、夫婦が建設的な関係を築くことができなくなっている。

幼い頃の未解決の体験や感情が、今の自分にどのように影響しているのかをつなげ、無力な子ども時代に負わされたトラウマは、幼かった自分が悪いのではなく、与えた側に問題や責任があったのだ、侵入を含む〝虐待〟に当たるのだということをはっきり認識して、閉じ込められてきたトラウマの責任とその内容や、それに付随する「怒り」「恐れ」「悲しみ」「嫉妬」「劣等感」「罪悪感」「自責感」などの感情に光を当てていきましょう。また、自分に悪影響を与え続けている親や身内との関係性や、その人たちとの間で身につけることとなった生き方・考え方や人間関係の細かい癖・パターンを、自分にとってプラスになるように変えていきましょう。

セラピー・メモ③　～〝対応〟を身につけるための『ロール・プレイ』～

能動的なセラピーとして取り入れている『ロール・プレイ』には、非常に優れた効果が見られます。対相手を想定し、本人と相手役を、本人とカウンセラー（セラピスト）との間でお互いに演じながら、適切な対応の仕方を身につけていくというものです。

『ロール・プレイ』において最も重要な目標となるのが、恐怖という感情に「反応」してしまう自分から、〝対応〟できる自分を確実に育てることです。

怒りやイライラの多くは、内在する恐怖のために自己表現・自己主張ができなかった時に湧いてくるもの。その閉じ込めてきた怒りやイライラは、自己表現・自己主張に換えていくことで、解消させていくことができます。

さらに『ロール・プレイ』を繰り返していくことで、『自分の心に正直に、誠実に生きられるようになる』ためのスキルを磨いていきます。そのスキルとは、自己表現・自己主張できる力をはじめ、交渉する・嫌なことに『Ｎｏ』と言う・自分の限界と相手との境界を設定する力、などです。これらのスキルを磨くことでさらに、感じる力や判断する力、選択する・決断する・解決する・行動する・『お願いします』と言う・現実を直視する・責任を取るなどの力が身につきやすくなります。

これらのスキルは、頭の中でのシミュレーションではなく、実際に言葉にして自分の外に出す、つまり表現する習慣を身につけることによって磨かれていくものなのです。

『ロール・プレイ』の具体例

ケース①【対・友人】

「独身時代からの友人とのつき合いで、互いの家への行き来や、ランチ・イベントなどへの頻繁にお誘いがある。子育てや家事で忙しいだけでなく、気乗りしないのに無理につき合うのが苦痛だが断れない。

準備

・〝断れない自分〟の中に、人に対する恐怖があることを認識する。
・どうして気乗りしないのか、その理由をはっきりと認識しておく。
・個々に自分の気持ちや立場を尊重して選ぶ権利・断る権利があることを認知する。
・相手との関係をどうしたいのか、ニーズについて考える。
・意志や考えをどのように伝えるか熟考する（この場合、一度手紙にしてみるとより効果的）。

＊手紙の例

「○○さんへ。実はお願いがあります。最近、子どもの心が満たされていないことを実感しています。子どもを作った親の責任として、この問題としっかり向き合いたいと思っています。

夫とも話し合って、今をしっかり見直して軌道修正しよう、ということになりました。

私は、断るのが苦手で何でもイエスと言ってしまうところがあり、それが子どもとの関わりに悪影響をもたらしてしまっていることなど、問題や課題に対して、今は自分と家族のことに専念しながら解決していきたいと考えたのです。

これまでのように、お誘いに応じることができなくなりますことを、ご理解頂きたいと思います」

以上が手紙として書き起こす場合の一例ですが、実際に、相手の方に、これだけのことを丁寧に伝えるとなると、想像しただけでも大変な勇気が必要だと思われる方も多いのではないでしょうか。

さらに、「神経質に考え過ぎよ」「もっと楽な気持ちで子育てしないとやっていけないよ」などの言葉が返ってきたらどう対応するか……。『ロール・プレイ』ではそのようなところまで想定して実践していきます。

ケース②【対・親】

・長年抱いていた親への怒りや、植えつけられた『恐怖』や『罪悪感』などの〝負〟の感情が、現在の自分に悪影響を及ぼしていることに気づき、それについて向き合いたい。

向き合いたいとする内容については、169ページで紹介した〝母への手紙〟を参考にして頂きたいと思います。そのうえで、『ロール・プレイ』で重要視していくことについて明らかにしておきます。

相手（例えば親・身内）が、心の傷を負わせたなどの事実を認め、関係修復に努めることを目的とした誠実な姿や行動を示すようになるのであれば幸いです。

がしかし、相手の反応の多くは否定的なもの（否認・脅し・はぐらかし・責任転嫁・正当化など）。ですから、あえてそのようなネガティブな反応を示してくることを想定したシミュレーションを行います。

では、実際に相手の反応が否定的で、怒りを誘発させるものだったらどうでしょう。動悸がして、長い間溜め込んできた感情が爆発するかもしれません。そのような状況もロール・プレイで実演して、納得のいく対応を見つけ出し、適切に意志の表明を行うスキルを身につけます。

ロール・プレイにしても、実際に相対する場合にしても、大切なことは、相手の反応がどうであるかではなく、自分がどのような行動を取ったか、何を言えたかということです。相手に関係回復を図る意志が無いことで葛藤や犠牲がつきまとうような場合は、苦しみの種を育ててしまう関係を離れ、親・身内と異なる生き方を選ぶという選択肢が現れます。その選択肢に対し、自分の意志や覚悟があるかどうか確認しておくこと。それは、もしその覚悟がなければ苦しみや問題の解決が困難であるからです。

親や身内に限らず、相手にとって都合の悪いことでも、自分にとっては重要である、ということについて自己主張をすることや、例えば今までは決定権や主導権などを当たり前のように譲ってきた目上の人相手に、対等な立場でしっかりと自己主張し、主導権を持つ、といったようなことは、意識を高めるだけでは中々実現できるものではないのが現実です。

そのために肝心なのは、「相手とどのくらいの関わりが良いのか」ということや、「受け入れられることと受け入れられないことの区別」などの自分の限界を知っておくこと。そして、相手との間で「相手が解決を求める話に関してのみ聞く」、「○○についての話はしない」などの相手との境界を設定する力や、自分を守るための適切な〝対応力〟を身につけていくことです。

『ロール・プレイ』で場数を踏むことで、『恐怖心』を立ち向かう勇気に変えていくことができます。この**恐怖心を乗り越えることが、傷ついて怯えている子どものままの自分からの卒業なのです**。

【著者プロフィール】

斎藤　裕（さいとう　ひろし）

1961年佐賀県生まれ。

久留米大学医学部卒業後、約20年間民間病院（内科・精神科）に勤務。

2008年に沖縄でクリニックを開業。薬を使用せず、心の病や悩み苦しみの根本的な解決を目的とした診療を行ってきた。

アダルト・チルドレンやトラウマからの回復をベースとしたカウンセリングおよびセラピーを行っていくに当たり、カウンセリング機関へと転向することが最善と考え、2017年１月に『さいとうカウンセリングルーム』を設立。

斎藤　暁子（さいとう　あきこ）

航空会社の客室乗務員として勤務後、結婚、出産。

現在、アダルト・チルドレンや子育てに関わるカウンセラーとして活動。

ママの自尊心や自己肯定感を育て直すトレーニングによって行う、「自信を持って自分らしい自分を生きられる土台づくり」をサポートしている。

カバーデザイン：萩原弦一郎（デジカル）
カバー・本文イラスト：斎藤暁子
校閲：井関悦子
協力：BUCH+
DTP：モリモト印刷株式会社

ママ、怒らないで。

――不機嫌なしつけの連鎖《れんさ》がおよぼす病《やまい》――

2017年３月７日　初版第１刷発行
2019年12月21日　初版第６刷発行

著　者 ――――― 斎藤　裕・斎藤暁子
発行所 ――――― 株式会社風鳴舎
〒171-0021　東京都豊島区西池袋1丁目11-1　メトロポリタンプラザビル14F
（電話03-5963-5266）
印刷・製本 ―― モリモト印刷株式会社